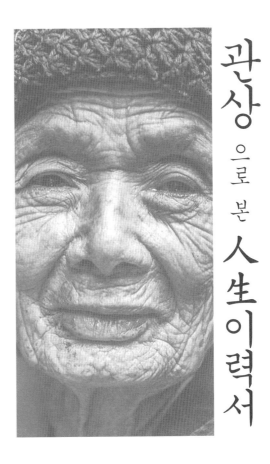

관상 으로 본 人生이력서

觀相으로 본 人生 이력서 - 관상 대백과 사전

초판발행 2022년 06월 01일
초판인쇄 2022년 06월 01일

지은이 광제廣濟
지평地平
펴낸이 김 민 철

펴낸곳 도서출판 문원북
주 소 서울시 마포구 토정로 222 한국출판콘텐츠센터 422
전 화 02-2634-9846
팩 스 02-2365-9846
메 일 wellpine@hanmail.net
카 페 cafe.daum.net/samjai
블로그 blog.naver.com/gold7265

ISBN 978-89-7461-491-1
규 격 152mmx225mm
책 값 22,000원

觀相으로 본

人生 이력서

문원북
BOOK

머
리
말

　현대사회를 사는 우리의 아들 딸들은 직장, 결혼, 집 '3가지를 포기했다'해서 3포 세대하고 합니다. 하지만 그 어려운 경쟁을 뚫고 취직을 해도 이런 저런 이유로 회사를 그만 두게 됩니다. 회사를 그만두는 이유로 인간관계를 꼽는 사람이 많다고 합니다. 소통 수단으로 스마트 폰 등을 사용하다 보니 사람들과 직접 커뮤니케이션 하는 방법이 서툴기 때문입니다. 이런 문제를 해결하기 위해 관상(觀相) 공부를 통해 상대의 얼굴 생김새, 표정으로 그 사람의 내면과 성격을 간파하는 힘을 길러 상대의 입장에서 생각하면서 넓은 시야로 인간관계를 풍부하게 만들 수 있다면, 인생을 사는 동안 도움이 되지 않을까 합니다.

　얼굴 상을 보고 '사람의 운을 알 수 있는 법'은 기본적으로 외면에 나타나는 인상이나 분위기, 모양, 그리고 얼굴 전체 이목구비(耳目口鼻)형태, 크기, 위치, 각 부분, 점 등을 통해 판단합니다. 사람의 얼굴은 각양각색, 천차만별로 '금강산 일만 이천 봉이 다 다르듯' 같은 얼굴은 없습니다. 하지만 자세히 관찰하여 분석하고 정리하면 얼굴의 패턴이나 공통점을 알 수 있습니다.

얼굴을 보면 '운(運)'이 좋은지 나쁜지는 알 수 있습니다. 얼굴은 '오행백맥(五行白脈)'이라고 하여, 신체의 모든 신경이 통하는 민감한 장소이기 때문에 그 사람의 상태가 가장 잘 나타납니다. 그래서 운(運)이 트이면 얼굴 표정도 좋아지고 눈도 반짝입니다. 따뜻하고 밝은 성격으로 항상 웃음이 끊이지 않는 사람은 주변에 사람이 몰려 인간관계가 넓어지고 힘든 일이 있어도 고생을 밑거름으로 삼아 성장합니다. 하지만 어두운 성격에 음침하고, 무섭고, 화난 표정을 짓고 있는 사람에게는 사람이 다가가려고 하지 않고 피하기 때문에 인간관계가 좁아집니다. 또 그런 사람은 자기만의 세계에 틀어박혀 세상의 모든 고난을 혼자 짊어지고 있다고 생각하며 힘든 인생을 살아갑니다.

시대 배경이 변화했음에도 불구하고 남녀, 부모, 고부, 직장 상사와 동료 등 관계의 본질이 변하지 않았으며, 그에 대한 고민이나 문제도 마찬가지입니다. 사회에서 성공한 사람들은 좋은 스승, 좋은 선배와의 만남이 인생의 전환점이 된 경우가 많습니다. 운은 좋은 인간관계에 따라 열리고, 나쁜 인간관계에 따라 닫힙니다. 좋은 인간관계를 만드는 첫걸음은 상대방의 관상을 통해 그 사람의 본질을 꿰뚫어 보는 것입니다.

또한 관상 공부가 코로나19로 힘든 현재를 극복하는 하나의 방법이 될 수 있을 것입니다. 인생의 망망대해를 항해하면서 길을 잃지 않고 목적지까지 갈수 있는 조타수 역할을 할 수 있길 바랍니다.

壬寅年 辛丑月 乙酉日
地平

제3장 '눈'은 입 만큼 말을 한다

제4장 귀 잘생긴 거지 있어도 코 잘생긴 거지 없다

제5장 입으로 보는 애정과 생명력

제6장 귀를 보면 그 사람 인생이 보인다

제7장 이마가 넓으면 공짜를 좋아한다?

제8장 턱이 넓고 살집이 있어야 말년이 좋다

제9장 마시오상(馬氏五常) 중 백미(白眉)가 최량(最良)이라

제10장 관골로 보는 투쟁심과 인내력

제11장 치아는 젊음을 측정하는 바로미터

제12장 모발로 보는 건강

제13장 법령으로 보는 사회적 힘

제14장 인중으로 보는 도덕관

제15장 수염으로 보는 신장의 건강상태

제16장 점은 과거, 현재, 미래를 알려 준다

제17장 관상으로 본 적성에 맞는 직업과 업무

【적성에 맞는 직업】

    1.영업   2.경리   3.기획/마케팅   4.개발

    5.총무   6.인사   7.홍보   8.법무

    9.해외사업

제 1 장

相

관상으로
사람의 운運을 보는 법

첫인상이 운명을 좌우한다.

"사람들은 누군가 처음 만났을 때 그 사람의 입고 온 옷, 체형, 생김새, 풍기
는 분위기를 통해 직감적으로 그 사람에 대해 판단합니다.
착실하다, 성실하다, 신경질적이다, 능글맞다, 옹졸하다, 따뜻하다, 차갑
다, 칠칠치 못하다, 머리가 좋다, 사람이 좋다 등 자기 나름의 판단기준으
로 여러가지를 느낍니다."

1. 첫인상으로 사람 파악하기.

사회생활을 오래하면 할수록 많은 직종에 일하는 사람과 여러 계층의 사람들과 만날 기회가 많아 자신만의 축적된 데이터로, 첫 인상에서 얼굴과 성격의 상관관계로 미루어 캐릭터를 짐작하게 됩니다. 예를 들면 얼굴형이 네모난 사람은 고집이 세고 의지가 강하며 성질이 급하지만 실행력이 있고, 얼굴형이 둥근 사람은 정이 있고 따뜻하며, 눈이 큰 사람은 감수성이 풍부하다 등 각자가 축적한 데이터로 직감적인 판단을 하게 됩니다.

사람을 꽤 뚫어보는 힘을 가지고 태어난 사람도 있지만 사람을 좋아하거나 사람을 관찰하기 좋아하는 사람은 자연스레 사람을 보는 힘이 생기는 경우가 많습니다. 또 회사 경영자, 인사업무를 하는 사람, 영업직, 서비스업 등 직업상 사람을 보는 힘이 필요한 사람들 중에는 그러한 힘이 예리한 사람이 많은 듯합니다.

관상은 오랫동안 축적된 통계학이기 때문에 기본을 충실히 공부해 두면 인생에 도움이 되는 경우가 많을 것입니다. 첫인상의 경우 이야기를 나누어 보거나 만나다 보면 다르게 느껴지는 경우도 분명 있겠지만, 경험을 거듭하면 할수록 틀림없이 첫인상으로 그 사람의 본질을 간파할 수 있게 됩니다. 그런데 상대방이 긴장을 해 굳어 있거나, 연기를 해서 잘 보이려고 하거나 명품 옷, 화장 등으로 위장할 경우 본질을 꿰뚫어볼 수 없는 경우도 있습니다. 하지만 첫인상으로 받은 느낌을 잊지 말고 왜 잘못 판단했는지를 체크하면 자연스럽게 상대방의 마음을 읽을 수 있게 됩니다. 성격, 성장과정, 현재 상황, 미래까지 보이게 됩니다. 중요한 것은 상대방의 얼굴과 눈을 항상 유심히 보는 것입니다.

2. 얼굴 표정만 봐도 사람을 알 수 있다.

만레이(Man Ray) 같은 유명 사진작가 작품을 보면 사람의 표정을 통해 그 사람의 마음과 본질을 꿰뚫어봅니다. 카메라 렌즈를 통해 본 얼굴 표정으로 현재 그 사람이 행복한지 불행한지, 과거에 어떤 삶을 살았는지, 미래에 어떤 삶을 살지 대체로 짐작할 수 있다고 합니다. 잠깐 표정을 통해 사람의 운(運)을 알 수 있는 기본적인 방법에 대해 알아보겠습니다.

① 표정으로 운(運)의 강약을 알 수 있습니다.

사람의 운의 90%는 타고난 운의 강약(强弱)에 따라 결정되지만, 후천적인 노력으로 운을 키우면 내면의 깊이가 생겨 표정에 드러납니다. 먼저 얼굴에 윤기가 흐르고 자신감이 넘치며 눈에 생기가 도는 밝은 사람은 자신이 생각하는 대로 인생이 흘러갑니다. 또 행운이 있는 복상(福相), 부자상도 있습니다. 둥글게 굽은 눈썹, 인자하고 사랑이 가득한 눈, 눈초리가 길게 째진 다정한 눈, 귓불이 통통한 큰 귀, 볼록한 볼, 콧방울이 넓고 통통하며 큰 귀, 입꼬리가 올라가 있고 두께가 적절하며 야무진 입, 풍성하고 야무진 턱 등(미륵보살, 대불에 가까운 얼굴). 이런 얼굴을 가진 사람은 운이 강하지만 모든 것을 갖춘 사람은 없습니다. 코, 눈 등 몇 가지만이라도 이상적인 이미지에 가깝다면 운이 좋다고 봐도 무방합니다.

② 표정으로 그릇의 크기를 알 수 있습니다.

인간에게는 타고난 그릇이 있습니다. 물론 어느 정도 노력을 통해 그 그릇을 키울 수는 있지만 자신의 그릇보다 넘치게 큰 일을 하면 스트레스가 쌓여 괴로워하거나 병에 걸립니다. 그릇의 크기는 얼굴과 관계가 있습니다. 얼굴이 크고 골격이 두터우며 눈, 코, 입, 귀 등이 큰 사람은 그릇도 큼니다. 반면, 얼굴이 작고 얼굴의 각 부위도 작은 사람은 옹졸하고 신경질적이며 그릇도 작다고 볼 수 있습니다. 예외도 있습니다. 얼굴은 작지만 눈이 크고 반짝반짝 빛나며 사람을 쏘아보듯 날카로운 눈빛을 가진 사람은 배짱이 두둑하기 때문에 경험을 통해 알 수 있습니다.

③ 표정으로 지성과 교양을 볼 수 있습니다.

얼굴 표정에는 지성과 교양이 나타납니다. 먼저 이마는 가로세로 너비가 매우 중요합니다. 다음으로 이목구비가 반듯하고, 눈은 시원스럽고 길게 째진 데다 총명한 느낌이 나는 눈동자가 좋습니다. 오똑한 콧날에 높은 코, 야무지게 다문 입, 얼굴이 비율(46page 그림 25,26 참조)이라면 이상적입니다.

그 사람이 가지고 있는 가치관에 따라 지성과 교양이 결정된다고 해도 과언이 아닙니다. 쉽게 말하면 무엇에 대해 신념을 지니고 살아가느냐 하는 것입니다. 돈, 명성, 체면, 자신의 인생, 정신적인 풍요 등 사람마다 신념의 우선순위가 다릅니다. 10인 10색, 얼굴에는 가치관의 모든 것이 나타납니다. 인간의 품성을 가늠하는 중요한 요소는 선악에 대한 판단입니다. 아무리 머리가 좋고 그릇이 커도 선악을 제대로 판단하지 못하는 사람은 반드시 마지막에 재난을 만납니다.

다음으로 중요한 요소는 아름다움과 추함에 대한 감각입니다. 모든 아름다운 것을 좋아하는 사람은 정도에서 잘 벗어나지 않습니다. 더러운 집에 살거나 더러운 행색을 하기 싫어해 일을 잘 하며 마음이 깨끗한 상태를 좋아하기 때문에 문학, 예술, 회화 등을 즐깁니다. 이렇게 지적수준이 향상되어 자연스럽게 얼굴에 지성과 청결함이 넘쳐 품위가 흐르게 됩니다.

④ 표정으로 정(情)이 많고 적음을 알 수 있습니다.

표정을 보면 배려심이 많고 착한 사람인지, 자기밖에 모르는 이기적인 사람인지를 짐작할 수 있습니다. 얼굴은 웃고 있지만 눈은 웃고 있지 않는 사람은 방심할 수 없다고 합니다. 진심으로 배려하는 사람과 겉으로만 배려하는 척하는 사람을 구별하기 위해서는 인생경험이 필요합니다. 사람의 본질을 간파하기 위해서는 자신이 배려심이나 따뜻함이 없으면 상대방의 따뜻함도 이해할 수 없습니다. 즉, 자신이 인간적으로 성장하지 않으면 타인을 꿰뚫어볼 수 없습니다.

정(情)이 많은 사람인지 인색한 사람인지는 눈과 입과 턱으로 볼 수 있습니다. 자애가 넘치고 배려심 있는 눈동자, 윗입술이 조금 두껍고 야무지며 세로 주름인 '환대문(歡待紋, 그림 75 참조)'이 있는 입, 뼈가 앙상하지 않고 통통한 턱으로 알 수 있습니다. 정(情)이 많고 적음은 인정으로 이어집니다. 상대방의 입장에서 생각하는 습관이 생기면 좋은 일이든 나쁜 일이든 타인의 마음을 이해할 수 있게 되어 인간관계가 매우 편안해 집니다.

⑤ 표정으로 의지(意志)의 강약을 알 수 있습니다.

의지가 약하면 일, 취미, 운동 등에 큰 관심이 없지만, 의지가 강하면 무슨 일이라도 끝까지 해냅니다. 의지의 세기는 얼굴형, 표정으로 알 수 있는데, 야무진 입, 턱의 넓이나 살집, 골격 등으로도 알 수 있지만, 특히 눈에 잘 나타납니다. 볼의 옆 부분이 밖으로 튀어나온 사람은 인내심이 강하고, 앞으로 나온 사람은 투쟁심이 강해 공격적입니다.

턱이 넓고 살집이 있으면 의지가 강하다고 보아도 됩니다. 반대로 골격이 작고 살집이 없는 턱은 의지가 약한 경향이 있습니다. 얼굴형으로 보면 근골형 얼굴이 정신형 얼굴보다 의지가 강합니다.

⑥ 표정으로 건강을 알 수 있습니다.

건강의 기본은 잘 먹고, 잘 자고, 쾌변과 적당한 운동입니다. 여기에 인생을 긍정적으로 바라보며 적극적으로 살아간다면 반드시 표정에 건강미가 흐르고 야무진 얼굴이 됩니다.

반대로 오랫동안 불규칙한 생활을 하다 보면 살이 처지고 안색이 나빠지며, 원기가 떨어져 눈 밑살이 쳐지게 됩니다.

⑦ 표정으로 현재 놓인 환경을 알 수 있습니다.

얼굴 표정은 그 사람의 현재 상태를 짐작할 수 있습니다. 어떤 가정환경에서 하루를 보내고 있는지, 회사에서의 입장이나 업무내용, 또 어떤 지위나 직책을 맡고 있는지 등 얼굴의 표정을 통해 알 수 있습니다. 또 가족이 화목하고, 일이 생각대로 잘 풀리면 얼굴에도 생기가 돕니다. 반대로 가족에게 문제가 있거나 일 때문에 고민이 있는 경우에도 얼굴의 표정에 드러납니다. 겉으로는 밝은 척하고 있어도 옆 얼굴에 문득 쓸쓸한 표정이 보이는 사람은 내면이 힘들다는 것을 짐작할 수 있습니다. 얼굴은 그 순간의 표정에 모든 감정이 나타내는 경우가 있습니다. 표정으로 상대가 놓인 환경을 파악할 수 있게 되면 관상가로 경지에 오르게 됩니다.

⑧ 표정으로 미래를 예측할 수 있습니다.

운은 세 종류로 구분됩니다. 초년운(10대 이전부터 20대), 중년운(30대부터 50대), 말년운(50대 이후)로 각기 운이 좋은 시기가 20년 정도 있습니다. 젊은 시절이나 중년 시절의 고생이 결실을 맺어 마지막에 꽃피는 말년운이 좋은 사람이 제일 행복할 것입니다. 왜냐하면 정신적으로나 경제적으로나 풍족하고 가족도 그 혜택을 받아 행복한 노후를 맞이할 수 있기 때문입니다.

나이가 들면서 건강해지고 말년운이 좋은 경우 대체적으로 공무원으로 은퇴한 경우가 많습니다.

장수하는 사람 중에는 낙천적이며 걱정이 없고 감사하는 마음으로 일상을 즐기며 살아가는 사람이 많습니다. 나이를 먹으면서 점점 인상이 펴지는 사람이 있는 가하며, 고집스러워지는 사람도 있습니다. 현재의 얼굴(원인)을 봄으로써 미래의 얼굴(결과)을 알 수 있습니다. 예를 들면 나이 80세이 넘어도 눈이 생기 있게 빛나면 뇌가 활성화되어 활동적으로 살 수 있습니다.

하지만 20대라도 눈빛이 흐리면 앞날을 장담할 수 없습니다. 얼굴을 볼 때 눈이 생기 있게 빛나는지를 확인하는 것이 중요 합니다. 얼굴은 그 사람이 지금까지 살아온 삶을 그대로 투영합니다. 현재의 삶을 보면 미래의 삶을 자연스럽게 짐작할 수 있습니다. 연륜이 쌓인 얼굴이 되도록 지금부터 조금씩 노력하는 것이 중요합니다. 또 다른 사람의 얼굴을 관찰하다 보면 그 사람의 미래를 짐작할 수 있게 됩니다.

⑨ 표정으로 금전운과 재력을 파악할 수 있습니다.

금전운을 볼 때에는 금고를 나타내는 콧방울의 너비가 중요합니다. 콧방울이 옆으로 넓으면 금전운이 강하다고 봅니다. 부동산운은 턱의 넓이와 살집으로 봅니다. 턱살이 탱탱하게 있는 사람은 큰 땅에 큰 집을 가지고 있습니다. 턱이 작아도 살아 있는 점이 턱 근처에 있으면 부동산운이 강하다고 봅니다. 턱이 작아도 이중 턱인 사람은 금전운이 좋습니다. 금전운이 좋지 않을 때에는 코에 죽은 점 또는 붉은 뾰루지가 생기거나 모공이 거무스름해져 지저분한 느낌이 듭니다. 이런 코를 지닌 사람에게 돈을 빌려주면 돌려받을 수 없습니다.

화려한 귀금속을 하고 돈이 많아 보이는 분위기를 풍기는 사람도 있지만 표정은 속일 수 없습니다. 표정이나 얼굴 전체를 보고 종합적으로 판단하는 것이 기본입니다. 또 표정을 통해 금전이나 물질에 대한 생각을 읽을 수 있기 때문에 어느 정도는 금전에 집착하는 마음을 간파할 수 있습니다.

觀相으로 본 人生 履歷書

3. 얼굴의 상(相)을 보는 8가지 법칙

① 얼굴을 크게 3등분하여 평생 운의 흐름을 알 수 있습니다.

얼굴은 머리카락이 나는 곳부터 눈썹 위까지의 '상정(上停)', 눈썹 위부터 코끝까지의 '중정(中停)', 코끝부터 턱까지의 '하정(下停)'으로 나눕니다. 삼정[그림1](머리카락이 나는 곳부터 눈썹 위까지), 중정(눈썹 위부터 코끝까지), 하정(코끝부터 턱까지)을 나누었을 때 균등하게 삼등분되며 균형 잡힌 얼굴이라고 할 수 있습니다. 이런 얼굴을 가진 사람은 인생에 큰 굴곡이 없이 평온하고 덤덤한 삶을 살 수 있습니다. 하지만 상정, 중정, 하정의 균형이 좋지 않은 사람은 인생에 파란이 있다고 봐도 무방합니다.

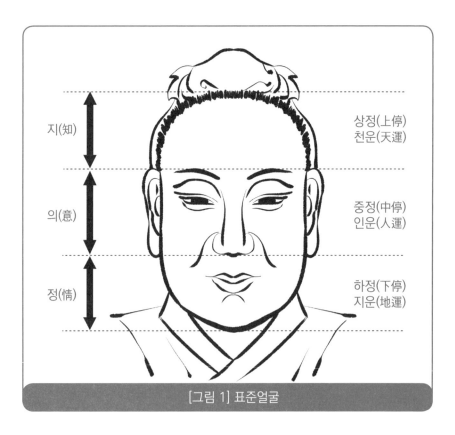

지(知) 　 상정(上停) 천운(天運)

의(意) 　 중정(中停) 인운(人運)

정(情) 　 하정(下停) 지운(地運)

[그림 1] 표준얼굴

• 상정(上停)은 지적능력과 부모 운 나타냅니다.

상정은 천운이라고 하며 조상, 부모, 손윗사람과의 인간관계나 후광, 초년 운(10대 이전부터 20대)을 관찰하고, 또 지성을 의미하므로 두뇌, 지적능력, 관록, 정서, 욕망, 취미 등도 알 수 있습니다. 이마 넓이가 세 손가락이 들어갈 정도라면 표준이라 할 수 있습니다.[그림2] 그 이상 넓은 사람은 다른 사람을 품을 수 있는 그릇과 도량이 있는 인격이 있다고 볼 수 있습니다. 이마가 시원스럽게 넓고 윤기가 흐르는 사람은 좋은 가정환경, 좋은 부모님 아래에서 태어나 풍족한 환경에서 자랐다고 볼 수 있고, 이마가 좁은 사람은 부모와 인연이 적고 윗사람의 도움도 없는 경우가 많습니다.

• 중정(中停)은 의지력과 중년운을 나타냅니다.

중정은 인운이라고 하며 의지력을 의미합니다. 자신의 힘과 사회에 나가 얼마나 활약할 수 있는지, 그리고 중년 운(30대부터 50대)을 관찰할 수 있습니다. 이밖에 체력, 기력, 실행력, 적극성, 생활력, 금전, 인기, 애정을 관찰할 수 있습니다. 중정에는 눈썹, 눈, 코, 볼, 귀가 포함됩니다. 눈과 눈의 표준 간격은 두 눈 사이에 눈 하나가 들어갈 정도의 넓이이며[그림3], 눈과 귀는 길이가 같으면 좋습니다. [그림4]중정이 빈약한 사람은 문제가 생기면 생각을 많아 실행력이 떨어져 현실에 적극 대응하지 못합니다.

• 하정(下停)은 감정조절 능력과 말년운을 봅니다.

하정은 땅, 토지 운, 감정조절을 의미합니다. 생명력, 애정, 그리고 말년운(60대 이후)을 관찰합니다. 이밖에 자손, 아랫사람, 토지, 주거, 가정운도 볼 수 있습니다. 하정이 풍부한 사람은 아랫사람, 토지, 주거가 풍족하며 장수합니다. 또 노후에는 자식, 손자 덕에 흡족한 여생을 보낼 수 있습니다. 그러나 하정이 빈약한 사람은 아랫사람, 주거, 가정이 불안해 인간관계도 좋지 않습니다. 말년에 고독한 삶이 되지 않도록 주의가 필요합니다.

[그림 2] 손가락 3개 표준

[그림 3] 눈 하나 들어가는 것 표준

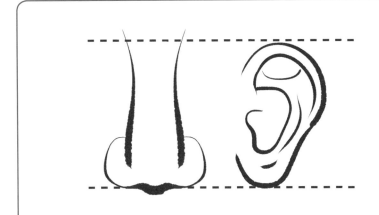

[그림 4] 귀는 코 길이와 같은 것 표준

② 얼굴은 이목구비 균형으로 봅니다.

얼굴의 크기와 각 부위(눈, 코, 입, 귀 등)의 균형이 중요합니다. 이목구비가 반듯한 사람은 성격이 원만하다고 봐도 좋습니다. 하지만 눈초리가 날카롭고 콧날이 서 있으며 입이 야무진 사람은 의지가 강합니다. 얼굴이 반듯해도 눈, 코, 입 등이 큰 사람은 아무래도 자기주장이 강하고 제멋대로 행동합니다. 대담하기 때문에 사소한 일에 전전긍긍하지 않습니다. 얼굴 중 한 부분이 두드러지게 큰 경우, 그 부분이 특징이 성격을 나타냅니다.

눈이 큰 사람은 감수성이 예민하고 감정적인 성격입니다.
코가 높은 사람은 자존심과 자기주장이 셉니다.
　　코가 낮고 콧방울이 옆으로 넓은 사람은 금전욕이 강해 자존심보다
　　돈이 중요한 타입입니다.
입이 큰 사람은 생활력이 좋고 터프 합니다.
귀가 옆으로 넓은 사람은 신경질적이며, 위아래로 긴 사람은 체력이
　　좋아 장수합니다.

③ 얼굴의 좌우 균형으로 선천적인 운, 후천적인 운을 알 수 있습니다.

사람의 얼굴은 언뜻 보면 좌우대칭으로 보이지만 자세히 보면 눈의 크기, 형태 등이 다르다는 것을 알 수 있습니다. 특히, 귀는 좌우 크기, 위치의 차이가 확실히 알 수 있습니다. 눈도 좌우 크기가 조금 달라 거울을 보고 어느 방향에서 보는 얼굴이 좋은 지 판단해 보는 것도 재미있습니다. 얼굴의 이목구비가 균형이 잘 맞는 사람은[그림5] 성격도 원만합니다.

• 왼쪽 얼굴

남성은 선천적인 운(타고난 운)과 부계 유전자를 받습니다. 여성은 후천적인 운(자신의 노력으로 트인 운)과 모계 유전자를 받습니다.

• 오른쪽 얼굴

남성은 후천적인 운(타고난 운)과 모계 유전자를 받습니다. 여성은 선천적인 운(자신의 노력으로 트인 운)과 부계 유전자를 받습니다.

[그림 5]

④ 얼굴 표정, 얼굴 색이 밝은지 어두운지를 봅니다.

사람을 볼 때, 첫인상에서 밝게 느껴지는 얼굴은 대체적으로 웃는 얼굴로 운이 좋은 사람의 얼굴입니다. 반대로 어두운 느낌이 드는 얼굴은 울상으로, 운이 썩 좋은 얼굴은 아닙니다. 어느 쪽인지에 따라 그 사람의 운을 미루어 짐작할 수 있습니다.

• 밝은 얼굴은 운을 좋게 한다

서비스업, 영업사원, 비행 승무원은 밝게 웃는 얼굴로 고객을 응대하도록 교육을 받아 훈련이 잘 되어 있습니다. 그래서 얼굴이 밝으면 운이 좋아져 본인도 회사도 좋습니다. 배려심이 있고 마음이 따뜻한 사람은 인격이 얼굴 표정에 드러나기 때문에 주위에 자연스럽게 사람들이 모입니다.

그 사람을 만나면 즐겁고, 유쾌하기 때문에 또 만나러 오게 되고 어느새 많은 사람과 인간관계가 형성되어 일도 사업도 순조롭게 잘 풀리게 됩니다. [그림6].

• 어두운 얼굴은 운을 나쁘게 한다

우는 듯한 얼굴, 신경질적인 얼굴, 무서운 느낌의 얼굴은 다른 사람보다 배로 노력하고 고생해도 보상받지 못하는 경우가 많습니다. 이런 타입은 고독하고 다른 사람을 위해 뒤에서 고생하는 경향이 있습니다. 인상이 어두운 사람과 함께 이야기하면 피로를 느끼게 하는 경우가 많습니다. 그래서 사람들로부터 멀어지게 되고, 자칫 잘못하면 외톨이가 되기 때문에 밝은 얼굴로 사람들을 대하도록 주의해야 합니다.[그림7]

[그림 6] 밝은 얼굴

[그림 7] 어두운 얼굴

⑤ 각 부분을 보는 순서

얼굴을 보고 사람을 파악하기 위해서는 먼저 눈에 생기가 있는지 없는지를 봅니다. 다음으로 코에 살집이 있고 콧방울이 넓은지 아닌지, 입의 크기나 탄력을 보고, 귀가 두텁고 단단한지 아닌지를 관찰합니다. 또 이마가 넓고 깨끗한지, 턱, 눈썹, 볼을 보면 그 사람의 성격이 자연히 떠오릅니다. 각 부분을 보는 자세한 관찰 법에 대해서는 제3장에서 설명하겠습니다.

⑥ 얼굴 정면과 옆면을 각각 봅니다.

관상에서는 얼굴의 정면을 양면(陽面)이라고 하며[그림8] 사회를 향한 겉 얼굴로 삶의 방식, 의지력, 지성, 감정 등을 나타낸다고 봅니다. 또 인기, 명성, 지위 등을 알 수 있습니다. 얼굴 정면을 자세히 관찰하면 그 순간 순간적인 마음의 움직임을 읽을 수 있습니다. 그리고 얼굴의 옆면을 음면(陰面)이라고 하며[그림9] 보이지 않는 이면을 볼 수 있습니다.

사생활의 비밀, 정신적인 고통, 외로움 등이 나타나는데, 옆얼굴이 밝고

[그림 8] 양(陽)면/정면

[그림 9] 음(陰)면/옆면

흡족한 표정이라면 그 사람은 정말로 행복한 사람입니다.

하지만 옆얼굴에서 쓸쓸한 표정이 보이는 사람은 화려한 겉모습과 달리 고뇌를 짊어지고 있는 경우가 많습니다. 옆얼굴이 만족스럽고 행복해 보이는 사람은 풍족한 생활을 보내고 있다고 할 수 있습니다.

⑦ 얼굴의 크게 3종류 구분되며, 그 성격을 알 수 있습니다.

마른 느낌의 정신형은 성실하고, 통통한 느낌의 지방형은 사교적이며, 근골형은 고집이 센 성격이 특징입니다. 자세한 사항은 제2장에서 설명하겠습니다.

⑧ 얼굴 피부의 두께로 건강을 봅니다.

얼굴 피부의 두께로 감수성과 건강상태, 윤기로 생명력과 그날의 컨디션, 운을 파악할 수 있습니다. 직업이나 걸어온 인생도 짐작할 수 있습니다.

• 얼굴 피부가 두껍고 거친 사람은 의지가 강하다

얼굴 피부가 두껍고 살결이 거친 사람은 대범하고 감수성은 떨어지지만. 일에 적극적이며 앞장서는 행동력과 근성이 있어 어려움을 극복하는 의지가 강합니다.

• 얼굴 피부가 얇고 부드러운 사람은 감수성이 풍부하다

얼굴 피부가 얇고 살결이 부드러운 사람은 감수성이 풍부하고 모든 일에 반응하며 세심합니다. 다른 사람의 마음을 잘 이해할 줄 알며 좋은 인간관계를 유지할 수 있습니다. 또한 감성이 예민하고, 미적감각이 뛰어나며 음악, 문학, 예술에 조예가 깊습니다. 멋스러우며 센스 있는 사람이 많습니다.

4. 머리골격의 형태 본 성격

사람의 머리골격은 머리 통뼈와 얼굴뼈로 나누고, 머리골격은의 형태는 6가지의 분류할 수 있으며, 각각의 특징에 대해 나뉘어 설명하겠습니다.

① 머리통이 높은 사람은 고상한 정신을 가지고 있다

머리통이 높은 사람은 머리뼈가 높고 뇌가 발달되어 있습니다.
[그림10]. 인격, 지성이 훌륭하고 지식인이며 이상주의자가 많습니다. 정신적인 삶의 방식을 중시하고 자신보다 약자라고 생각하는 사람에게 양보할 줄 알고 배려심도 있습니다.
귀 위쪽의 머리가 높은 사람은[그림10-1]권력, 명예를 중요시하고, 귀보다 앞쪽의 머리가 높은 사람은[그림10-2] 의리, 인정이 두터운 면이 있습니다.

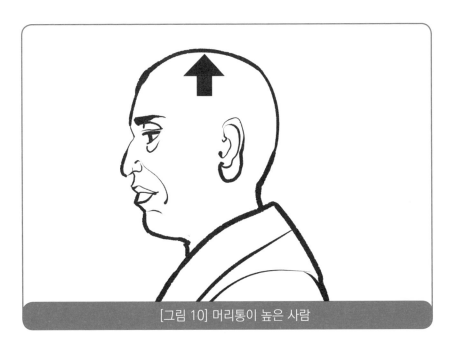

[그림 10] 머리통이 높은 사람

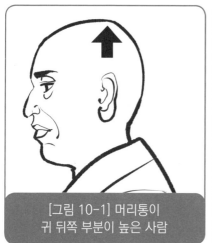

[그림 10-1] 머리통이
귀 뒤쪽 부분이 높은 사람

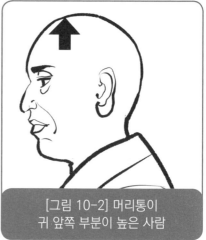

[그림 10-2] 머리통이
귀 앞쪽 부분이 높은 사람

② 머리통이 낮은 사람은 자기 중심적이고, 실질주의적이다

머리통이 낮은 사람은 소뇌가 발달되어 있습니다[그림11,12]. 인간관계
를 중시하지만 자기중심적 이며 자신의 욕망에 충실하고 실질적인 성격입
니다. 이론보다 감각으로 판단하고 금전, 물질에 관심이 많으며 집착하는
경향이 있습니다.

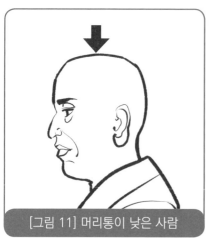

[그림 11] 머리통이 낮은 사람

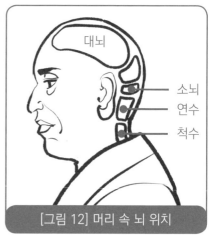

[그림 12] 머리 속 뇌 위치

③ 머리 뒤통수가 긴 사람(뒤 짱구)은 정신력이 강하고 보수적이다

뒤통수가 뒤로 튀어나와 머리가 가로로 긴 사람은 소두가 발달되어 있습니다.[그림13] 사람을 좋아해 많은 사람들과 사귀기를 즐기며 활기찬 성격으로 호색가입니다. 직감력이 날카롭고 집중력이 있으며 정신력은 강하지만 사고방식이 보수적입니다. 변화를 별로 좋아하지 않아 집 이사, 회사를 옮기는 것을 쉽게 결정하지 않습니다.

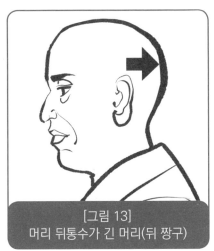

[그림 13]
머리 뒤통수가 긴 머리(뒤 짱구)

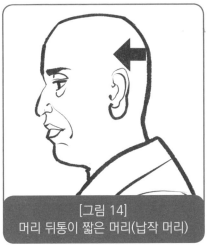

[그림 14]
머리 뒤통이 짧은 머리(납작 머리)

④ 머리 뒤통수가 짧은 사람(납작 머리)은 고집이 세고 성미가 급하다

뒤통수가 절벽인 형태로 머리통이 짧은 사람은 후두부가 평평한 머리입니다.[그림14] 고집이 세고인정이 없어 인간관계도 적습니다. 생각이 짧아 잘못 판단할 때가 많으며 행동이 충동적이고 성미다 급합니다.

⑤ 머리통이 넓은 사람은 혁신적이고 적극성이 있다

뒤통수 폭이 넓고 뒤로 나와 머리통이 넓은 사람의 경우 진취적이고 공격적인 성향의 소유자로 고집이 세고 자기 중심적입니다. 적극적인 행동 때문에 주위사람에게 위태로운 사람으로 보이기도 합니다.[그림15]

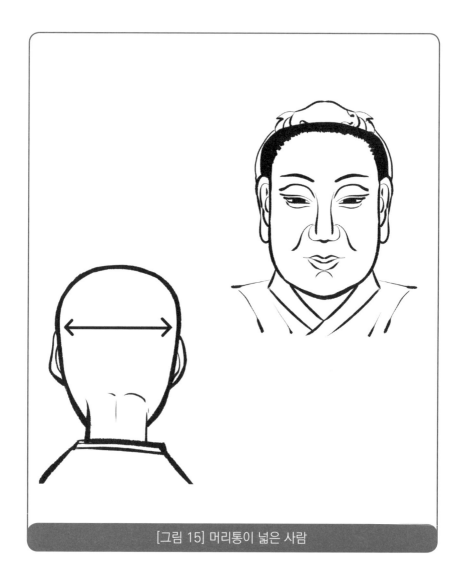

[그림 15] 머리통이 넓은 사람

⑥ 머리통이 좁은 사람은 온후한 성격이다

뒤통수 폭이 좁고 뒤로 나와 머리통이 좁은 좁은 사람의 경우 솔직하고
온후하며 타인에 대한 배려심이 많아 주위사람을 잘 챙기고, 지속적인 소
통으로 인간관계를 유지하는 조화로운 사람입니다.[그림16]

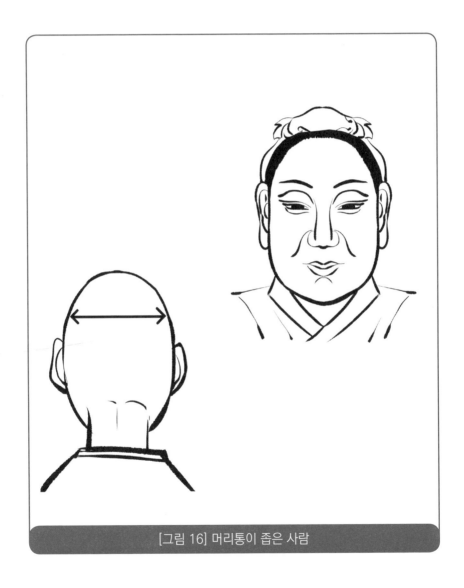

[그림 16] 머리통이 좁은 사람

5. 얼굴의 크기

얼굴 크기는 키나 체격과 비교해 판단합니다. 어깨에 비해 얼굴이 커 보이는 사람은 큰 얼굴[그림17] 반대로 어깨에 비해 얼굴이 작아 보이는 사람은 작은 얼굴입니다[그림18].

① 얼굴이 큰 사람은 자기주장이 강하다

얼굴이 큰 사람은 밖으로 에너지를 밖으로 분출하기 때문에 사람들을 리드하는 입장에 서고 싶어합니다. 자기주장이 강해 자신의 의견을 타인에게 강요하거나 필요도 없는데 주제넘게 참견하기도 합니다. 잘난 체한다, 거만하다는 말을 주위에서 듣곤 합니다.

② 얼굴이 작은 사람은 자기자신에게 충실합니다.

얼굴이 작은 사람은 안으로 에너지를 축적해 자신의 재능이나 힘을 키웁니다. 소극적이고 주위사람에게 의존하며, 안으로 실력을 키우는데 힘을 기울입니다. 또 자기주장을 하지 않고 사회규칙을 잘 지키며 조화를 중시하는 타입입니다.

[그림 17] 어깨에 비해 얼굴이 큰 사람

[그림 18] 어깨에 비해 얼굴이 작은 사람

6. 얼굴의 너비

① 얼굴이 넓은 사람은 적극적이다.

얼굴이 넓은 사람[그림19]은 적극적이고 대담합니다. 골격이 크고 체력이 좋아 일을 잘하며 행동력이 좋습니다. 이론보다 현실적인 행동, 지혜로 승부하는 타입입니다.

② 얼굴이 좁은 사람은 신중하다

얼굴이 좁은 사람[그림20]은 신중하고 조심성이 많으며 신경이 예민합니다. 골격은 작고 체력은 보통이지만 이론적으로 행동하기보다 생각을 먼저 하는 타입입니다. 지적이고 배려심이 있으며 타인에게도 신경을 쓰지만, 자존심이 강해 착실하게 살아갑니다.

[그림 19] 얼굴 넓이가 넓은 사람

[그림 20] 얼굴 넓이가 좁은 사람

7. 옆 얼굴의 굴곡을 보는 법

　옆 얼굴이 볼록한 사람[그림21]은 외향적이고 밝은 성격이며 적극적이고 행동적입니다. 옆 얼굴이 오목한 사람[그림22]은 내향적이고 어두운 성격입니다. 소극적이기 때문에 행동이 부족하지만 생각이 깊습니다.

이마가 발달되어 있고 턱이 빈약한 사람은 지적인 직업에 어울리지만 행동이 부족해 생활력이 좋지 않습니다. 반대로 이마가 빈약하고 턱이 발달되어 있는 사람은 이성이 부족하지만 본능적인 타입으로 지적인 일보다 몸을 움직이는 일에 어울립니다.

[그림 21] 옆 얼굴이 볼록한 얼굴

[그림 22] 옆 얼굴이 오목한 얼굴

8. 얼굴의 기색

기색의 '기'는 피부 안쪽에 흐르며 '색'은 기에 따라 피부 바깥쪽에 나타납니다. 기는 오장육부 사이를 빙빙 돌며 기쁨, 노여움, 슬픔, 즐거움, 사랑, 미움, 욕심을 이르는 칠정에 따라 정해져 색이 되어 피부 밖으로 나타납니다.

'기색을 띠다', '안색이 변하다'라는 말이 있는 것처럼 사람은 무슨 일이 있으면 얼굴에 드러납니다. 즐거운 일, 기쁜 일이 있으면 얼굴이 밝게 상기되지만 슬픈 일이나 힘든 일, 어려운 일이 있으면 새파랗게 질리거나 어두워집니다. 태어날 때부터 피부가 흰 사람도 있고 까무잡잡한 사람도 있습니다. 이처럼 사람들은 각각 본래의 피부색을 가지고 있습니다. 야외에서 운동하거나 일을 하다 햇볕에 탄 사람도 있으므로 그 사람의 본래의 피부색을 알고 기색을 판단하는 것이 중요합니다.

얼굴의 3가지 타입(제2장 참조)으로 기색에 대해 설명하겠습니다.

정신형은 피부가 하얗고 지적능력이 뛰어나 사고력, 판단력이 좋습니다.
지방형은 피부가 분홍빛으로 만약 빨간색에 가깝다면 다혈질로, 정력적인 타입입니다.
근골형은 붉은빛을 띠는 거무스름한 피부색으로 의지가 강하고 자존심이 강합니다.

9 얼굴의 오행(五行)과 혈색

　음양 오행이란, 고대 중국에서는 우주는 하늘과 땅, 해와 달, 낮과 밤, 남과 여, 빛과 그늘로 서로 대립되어(음, 양)로 이루어졌다고 생각했습니다. 이것이 음양설이라고, 오행설은 우주의 모든 것은 5행으로(목, 화, 토, 금, 수)로 이루어졌고 5행이 변화해 모든 것을 만들어낸다는 생각했으며, 지구에서 눈으로 보이는 다섯 개 별이 (목성, 화성, 토성, 금성, 수성) 우리 생활에 영향을 주고 있다는 이론에 기초를 두고 있습니다. 그리고 얼굴에는 혈색이 있는데, 기본적인 혈색은 5가지가 있으며, 그것은 얼굴 전체에 나타나지 않고 주요 부위(눈, 코, 입, 귀 등)의 일부에 나타나며, 5행의 기본 혈색과 각각의 의미는 다음과 같습니다.

① **목성: 파란색(blue 계열)** 선명한 파란색은 발전, 성장을 나타내지만 어두운 파란색은 질병, 사건, 사고가 있음을 의미합니다.

② **화성: 빨간색(red 계열)** 선명한 빨간색은 운이 열리고 기쁜 일이 생기며, 어두운 빨간색은 건강의 적신호, 갈등, 충돌 등 어려움이 있다는 것을 의미합니다.

③ **토성: 노란색(yellow 계열)** 밝은 노란색은 기쁨, 소원성취를 나타내고 어두운 노란색은 쇠퇴를 의미합니다.

④ **금성: 흰색(white)** 윤기 있는 따뜻한 흰색은 인자하고, 인덕이 있어 명예나 지위가 따르고, 꺼칠하고 건조한 흰색 피부는 가족과 인연이 멀다는 뜻입니다.

⑤ **수성: 검은색(black)** 윤기 있는 검은색은 정력이 왕성함을 나타내지만, 윤기가 없는 검은색은 질병이나 재해, 재난을 의미합니다.

10. 얼굴의 각 부위와 오행(五行)

얼굴의 각 부위에서 오행(목, 화, 토, 금, 수)[그림23]을 파악하므로, 오행의 균형을 파악할 수 있습니다.

오행에 해당하는 얼굴 부위의 모양이 좋고 가지런하면 오행의 균형이 좋다고 봅니다. 하지만 한 부위가 지나치게 크거나 지나치게 작거나 모양이 나쁜 경우에는 오행의 균형이 무너집니다.

예를 들면 코가 훌륭하면 토성의 작용이 강하고, 귀 모양이 좋고 크면 금성, 목성의 작용이 강하다고 봅니다.

이마 – 화성(火星)

오른쪽 귀
금성(金星)

코 – 토성(土星)

왼쪽 귀
목성(木星)

입 – 수성(水星)

[그림 23] 얼굴의 오행

11. 얼굴의 오관(五官)

오관이란 주요 얼굴 부위(눈썹, 눈, 코, 입, 귀)의 명칭으로, 관상에서는 관상을 볼 때 가장 중요한 부분으로 생각합니다.[그림24]

① 눈썹(보수관) 건강, 장수, 품성, 직장의 근속 년 수를 나타냅니다.
② 눈(감찰관)　감정의 움직임, 두뇌의 명석함을 나타냅니다.
③ 코(심변관)　자존감, 재산을 나타냅니다.
④ 입(출납관)　생명력, 애정, 행동능력, 의지의 강약, 식욕, 성욕을
　　　　　　　나타냅니다.
⑤ 귀(채청관)　조상의 유전적인 특성을 나타냅니다.

[그림 24] 얼굴의 오관

12. 얼굴의 십이궁(十二宮)

관상에서는 각 부위를 볼 때 기본적으로 먼저 얼굴의 십이궁[그림24-1]을 보고 전체 윤곽을 파악합니다.

① **명궁(인당)** 눈썹과 눈썹 사이의 미간을 가리키며 운이 들어오는 곳으로 맑고 깨끗해야 좋습니다.

② **천이궁** 이마에 양쪽 끝에서 머리카락이 나는 부분부터 관자놀이 부분까지를 가리키며 여행, 이동, 이사 등 변화를 봅니다.

③ **관록궁** 이마 정 중앙 부분을 가리키며 지위, 명예, 직업 승진 등을 봅니다.

④ **형제궁(보수궁)** 눈썹을 가리키며 형제운, 자녀운을 관찰합니다.

⑤ **복덕궁** 눈썹 끝 윗부분 이마를 가리키며 재물운(금전운), 이해관계에 대해 관찰합니다.

⑥ **전택궁** 눈썹과 눈 사이를 가리키며 부동산, 가족운, 애정운의 유무를 관찰합니다.

⑦ **질액궁** 눈과 눈 사이(산근)를 가리키며 질병(건강운), 재난에 대해 봅니다.

⑧ **남녀궁** 눈 밑(애교살)을 가리키며 남녀관계(이성운)과 자식운을 봅니다.

⑨ **처첩궁** 눈 끝과 귀 사이 부분을 가리키며 배우자나 애인과의 관계를 봅니다.

⑩ **재백궁** 코 전체를 가리키며 재물운을 봅니다.

⑪ **노복궁** 턱 좌우 부분을 가리키며 손아랫사람과의 운을 봅니다.

⑫ **부모궁** 왼쪽이 아버지, 오른쪽이 어머니로 부모운을 보는 곳이다.

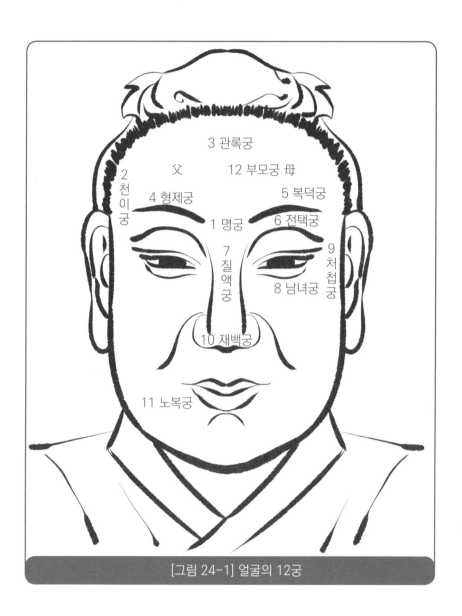

[그림 24-1] 얼굴의 12궁

13. 미남미녀의 얼굴은 황금비율이 많다.

황금비율은 고대 그리스 시대의 건축물 등에 사용된 직사각형의 세로길 이와 가로길이의 비율입니다. 생활에서 볼 수 있는 TV, 컴퓨터, 스마트폰 화면, 엽서 등에도 이 규격이 사용되고 있습니다.

미남미녀의 얼굴은 황금비율입니다. 얼굴의 가로길이와 세로길이의 비율 이 약 1대1.618로, 시각적으로 가장 안정적인 아름다운 얼굴이라 할 수 있습니다[그림25].

물론 황금비율은 얼굴과 몸의 균형에 큰 관련이 있어 얼굴만으로 논할 수 는 없습니다. 하지만 누구나 아름답다고 느끼는 얼굴에는 세 가지 조건이 필요합니다.

- **첫 번째** 얼굴 전체의 균형이 잘 이루어진 것으로, 얼굴의 세로, 가로길이 비율이 중요합니다.
- **두 번째** 얼굴 부위(눈, 코, 입, 눈썹 등)의 위치 관계입니다.
- **세 번째** 얼굴 부위(눈, 코, 입, 눈썹 등)의 크기와 형태입니다.

황금비율인 얼굴은 서양의 백인에게 많으며 아시아인은 **백은비율** 얼굴이 많고, 다른 말로 '**대화(大和)비율**'이라고도 하며 불교에서 부처님 불상 등 에서 볼 수 있습니다.

백은비율은 얼굴의 가로길이와 세로길이의 비율이 약 1대 1.46입니다 [그림26].

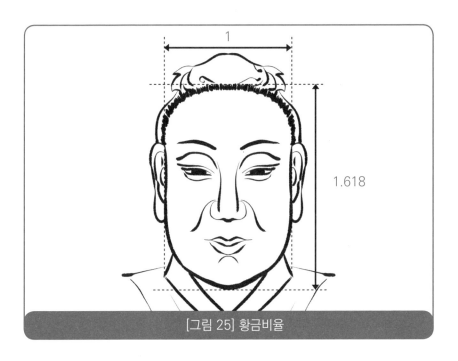

1

1.618

[그림 25] 황금비율

1

1.46

[그림 26] 백은비율

얼굴을 삼등분해 상정(머리카락이 난 부분부터 눈썹 위까지), 중정(눈썹 위부터 코끝까지), 하정(코끝부터 턱까지)의 길이가 같으면 황금비율이라고 볼 수 있습니다. 삼정의 길이가 같은 사람은 드물기는 하지만 미스코리아 같은 미녀, 조인성 배우 같은 분은 가능하다고 봅니다. [그림27]

참고로 동양인 얼굴은 머리카락이 난 부분부터 턱까지의 세로 길이가 평균 18~18.5cm, 가로 길이가 평균 14~14.5cm입니다.

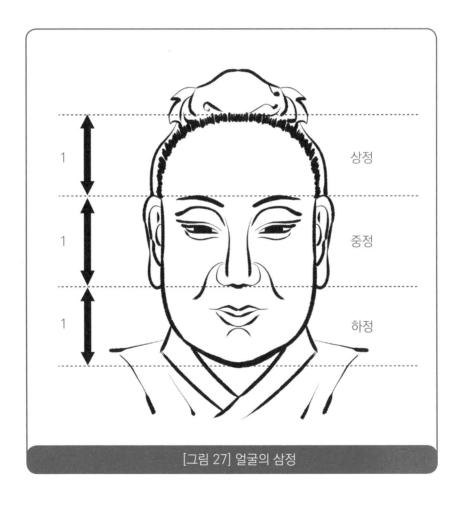

[그림 27] 얼굴의 삼정

눈은 너비가 얼굴 가로길이의 5분의 1 정도 3cm가 가장 이상적이라는 말이 있습니다.

또 눈과 눈사이의 길이가 눈의 너비와 같으면 이상적입니다[그림28].

그래서 요즘 성형수술 중 눈 터임을 할 때 이 비율을 맞추면 실패가 없습니다.

[그림 28] 얼굴 가로너비의 황금비율

눈이 예뻐 보이는 황금비율은 검은자위가 2, 흰 자위가 좌우로 1 씩입니다. 동양인 평균적인 비율은 검은 자위가 1.5, 흰 자위가 좌우로 1 씩입니다.
최근에는 검정 콘택트렌즈를 껴 검은 자위가 커 보이게 함으로써 황금비율로 보이는 사람이 간혹 있습니다.[그림29]

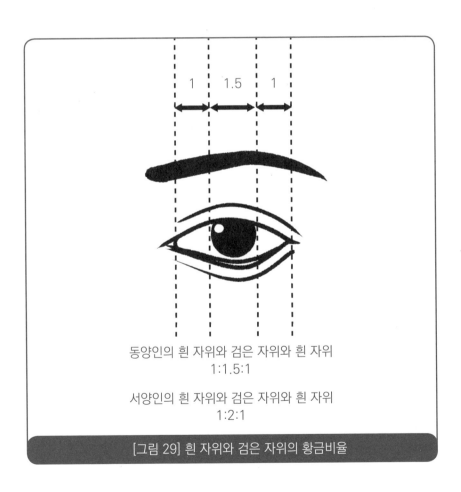

[그림 29] 흰 자위와 검은 자위의 황금비율

코는 눈과 눈 사이의 길이가 코의 가로너비와 같으면 이상적입니다.
[그림30].

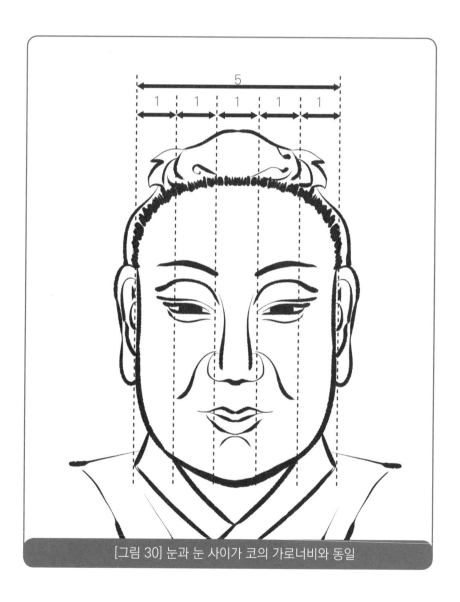

[그림 30] 눈과 눈 사이가 코의 가로너비와 동일

코의 가로길이와 세로길이의 비율은 약 1대 1.56이 이상적입니다.
[그림31].

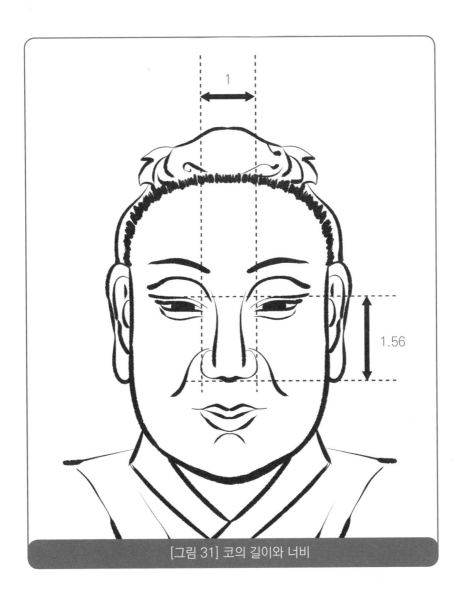

[그림 31] 코의 길이와 너비

코 밑부터 아랫입술 밑 선까지의 길이와 아랫입술 밑 선부터 턱 끝까지의 비율이 1대 1이라면 황금비율로 균형이 좋고 이상적입니다.[그림32]

[그림 32] 하정의 비율

코의 가로너비와 입의 가로길이 비율은 약 1대 1.5가 이상적입니다.
[그림33]

[그림 33] 입과 코의 비율

입술 두께의 황금비율은 윗입술 1, 아랫입술이 1.6이 이상적입니다. 입술이 우아하고 아름다워 보여 매력적인 입술입니다.[그림34]

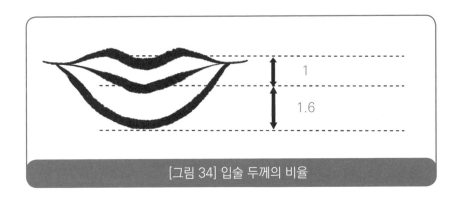

[그림 34] 입술 두께의 비율

얼굴 정면과 옆얼굴의 황금비율은 코 끝과 턱 끝을 연결한 E라인이 직선이면 이상적입니다.

입이 E라인 안으로 들어가는 것이 중요합니다[그림35].

[그림 35] E 라인

코는 눈꺼풀에서 출발하고 코의 각도는 33도가 이상적이며 코 라인이 완만한 커브를 이루고 콧대 끝의 각도가 90도이면 이상적입니다. 또 눈이 코의 출발 점보다 5mm 정도 들어가 있으면 이상적이라고 할 수 있습니다.[그림36]

얼굴의 비율이 황금비율, 백은비율인 사람은 흔하지 않지만 미스코리아, 정우성, 송준기 배우 경우 각각의 비율에 가까운 얼굴로 미남미녀라고 할 수 있습니다.

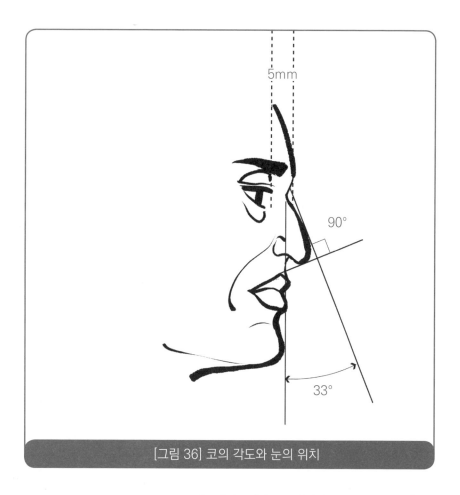

[그림 36] 코의 각도와 눈의 위치

顏

얼굴 모양으로 보는 성격

얼굴은 정신형, 지방형, 근골형 3가지로 분류할 수 있다.

“금강산 일만이천봉이 다르듯이 사람의 얼굴 또한 100명이면 100명 생김
새가 제각기 다릅니다. 얼굴에는 개성과 특징이 있으며, 얼굴 타입은 기본
적으로 정신형, 지방형, 근골형으로 크게 3가지로 분류할 수 있습니다.
이외의 얼굴은 3가지 타입이 일정비율로 섞인 것으로 3가지 타입의 혼합
율과 함께 대표적인 얼굴 모양 8종류와 각각의 특징과 성격을 설명하겠습
니다. 각 모양의 얼굴을 참고해서 자신, 가족, 친구 얼굴을 떠올리며 성격
을 파악하고 추리해 보세요.”

1. 역삼각형 얼굴(정신형) 성실하고 지적 호기심이 많다

머리가 크고 이마는 가로세로가 넓으며 턱은 뾰족한 역삼각형 얼굴로, 지적인 느낌이 있는 것이 특징입니다. 눈은 크고 옆으로 길며 귀는 삼각형으로 작고 귓불이 별로 없습니다. 코는 얇고 코끝이 뾰족하며 콧방울은 그다지 넓지 않습니다. 입은 작은 편으로 얼굴 생김새가 반듯한 미남미녀 얼굴입니다.[그림37]

[그림 37] 역삼각형 얼굴

성실하고 냉정하며 섬세한 성격입니다. 사교성이 별로 없고 이기적이며 의존심이 강한 데다 지식만 풍부하고 행동이 따르지 않는 편입니다. 금전적, 물질적인 것보다 지위나 명예에 대한 관심과 욕구가 강한 사람입니다. 지식욕이 왕성해 머리를 쓰는 일이 잘 맞습니다. IT 관련, 기획 등에 능숙하며 좋아하는 일이라면 푹 빠져 열중하지만 싫어하는 일은 별로 하고 싶어하지 않습니다.

어렸을 때부터 부모님이나 할아버지 할머니의 사랑과 과보호를 받으며 자란 사람이 많으며, 머리가 좋고 젊은 나이에 두각을 나타내 지위와 재산을 얻지만 40세를 경계로 운이 정체됩니다. 인간적으로 성장해 지도력과 포용력을 키우면 턱이 두터워져 중년이후부터 말년까지의 운이 열릴 것입니다. 하지만 계속 무엇이든 머리만으로 생각해 아는 체하거나, 어려운 사람에게 베풀지 못한다면 주변에 사람이 없어 50세 이후 운이 하락선을 그려 말년을 외롭게 보낼 수 있습니다.

2. 둥근 얼굴(지방형) - 사교적이고 원만한 성격

둥근 얼굴은 얼굴 전체적으로 살이 있고 통통합니다. 머리카락이 난 언저리도 둥글고 눈썹도 곡선입니다. 눈은 크며, 귀는 두툼하고 둥글며 귓불은 크고 통통하고, 코는 코끝이 둥글고 살집이 있으며 콧방울은 옆으로 둥글게 퍼져 있습니다. 입은 크고 위, 아랫입술 모두 두껍습니다. 턱은 살이 많고 이중 턱인 사람도 있습니다.
[그림38]

[그림 38] 둥근 얼굴

성격은 정이 많고 정서적인 것이 지방형의 특징입니다. 살이 탱탱한 얼굴은 성격이 좋고 체력도 좋지만, 살이 처진 얼굴은 성격이 야무지지 못합니다. 사교성이 있고 다른 사람의 기분을 빨리 알아차리며 배려심이 있어 사람들에게 좋은 인상을 줍니다. 인맥도 넓고 주변사람들로부터 사랑받는 타입입니다. 요령이 좋고 낙천적이지만 기분파인 경향이 있어 쉽게 감정적으로 변할 뿐만 아니라, 바로 얼굴에 드러나는 단점이 있습니다. 소심하고 신중하며 주의 깊지만 인내심이 없고 우유부단한 부분이 있습니다. 붙임성이 좋고 정이 깊은 면이 있어 장사, 영업, 서비스업 등 고객을 대하는 일이 잘 맞습니다. 원만한 성격이지만 식욕, 성욕, 물욕이 강하고 본능적으로 인생을 즐기는 타입입니다. 경제적인 측면에서는 이해타산적이라 돈으로 인해 곤란한 일을 겪지는 없지만, 낭비벽이 있어 말년에는 재산이 얼마 남지 않지만, 가정적으로는 행복하게 인생을 즐기며 살아갈 수 있습니다.

3. 네모진 얼굴(근골형) – 완고하고 끈기가 있다

뼈대가 넓고 사각형에 근육질인 얼굴이 근골형입니다.

이마는 넓고 네모지며 눈은 조금 우묵하게 들어간 느낌이 있고 눈빛은 날카롭습니다. 귀는 네모지고 단단하며 두껍습니다. 귓불은 작은 사람과 작지 않은 사람이 있습니다.

볼은 살이 별로 없고 뼈대가 넓으며, 코는 크고 단단한 인상입니다. 전체적으로 살이 탱탱하고 콧방울

[그림 39] 네모진 얼굴

은 옆으로 넓습니다. 입은 입가가 다부지고 네모지며 턱은 하관이 넓습니다.[그림39] 사교성은 별로 없고 대인관계에서 사람을 포용하는 그릇도 크지 않습니다. 단순하고 생각이 짧아 눈앞에 있는 것만으로 모든 것을 판단하는 경향이 있습니다. 하지만 끈기와 의지, 인내력이 뛰어나 목표나 목적이 확실하다면 어떠한 어려움도 극복하고 반드시 끝까지 해냅니다. 불굴의 투지를 가진 고집쟁이이기 때문에 완고하게 자신의 방식을 문제를 해결해 나가는 타입입니다. 기획력은 별로 없지만 냉정하고 일 처리능력이 뛰어납니다. 직업은 소방관, 경찰관이 잘 맞습니다. 사고방식이 합리적이고 정이 부족한 면이 있어 가족은 고생하지만 성실하고 변덕이 적은 사람입니다. 하지만 그 완고함 때문에 인생에 파란이 많습니다. 건강하며 튼튼하고 일을 잘하기 때문에 금전적으로는 어느 정도 풍족하지만, 자식에게 재산을 남기기는 어려울 듯합니다.

4. 달걀형 얼굴
정신형40%+근골형60% - 명석한 머리에 노력형 인간

달걀형 얼굴은 비교적 이마가 좁습니다. 눈썹은 가늘지만 눈은 크고 또렷합니다. 귀는 둥글고 얇으며 귓불은 작은 편입니다. 광대뼈가 앞으로 조금 튀어나와 있고 살집도 조금 있습니다. 콧대가 오뚝하고 높으며 코끝이 약간 뾰족합니다. 콧방울은 별로 넓지 않습니다. 입은 크지도 작지도 않고 위아래 입술의 두께가 같으며 살이

[그림 40] 달걀형 얼굴

탱탱합니다. 턱은 둥그스름하지만 가는 편입니다. 역삼각형 얼굴과 마찬가지로 미남미녀의 얼굴이 많습니다.[그림40]

지적인 정신형과 의지력이 강한 근육형이 혼합된 타입으로 지적능력과 강한의지를 가지고 있습니다. 두뇌가 명석하고 끈기가 있으며 노력가이기 때문에 약간의 어려움은 극복할 수 있습니다. 하지만 사교성, 융통성이 부족한 편이어서 사회생활에서 왕따가 될 수 있으므로 조심해야 합니다. 기획이나 아이디어를 요구하는 광고, 문화 콘텐츠제작 업무에는 맞지 않으며, 인내력, 의지력, 실행력이 필요한 기계, 건축, 공대계통에 적성이 잘 맞는 편입니다. 어린 시절부터 20세 정도까지는 정신적인 면에서 고생할 수 있지만 노력가이고 일을 열심히 하며 돈을 버는 재주가 있어 30세 이후에는 돈으로 인해 어려움을 겪지 않습니다. 하지만 일을 중시하고 가정을 소홀해 문제가 발생할 가능성이 높습니다. 달걀형인 사람은 화목하고 행복한 노후를 보내기위해서라도 가정을 소중히 여기는 것이 중요합니다.

5. 삼각형 얼굴
지방형60%+근골형40% - 현실적이고 의지의 한국인

삼각형 얼굴은 이마가 좁고 턱이 넓으며 살집이 좋고 아래쪽이 불룩한 특징이 있습니다. 귀는 살집이 두텁고 단단하며 귓불도 큽니다. 코는 둥글고 크며 콧방울이 매우 넓습니다. 입은 크고 입술이 두껍습니다.[그림41]

[그림 41] 삼각형 얼굴

삼각형 얼굴은 지방형과 근골형이 혼합된 타입으로, 본능이 강하고 감정적이면서 의지가 강하고 실행력이 있는 현실주의자입니다.

지방형의 비율이 크기 때문에 가끔 감정적으로 행동하는 것이 단점이 있지만 성실한 타입입니다. 사고가 유연하고 임기응변이 좋아 어떤 직업으로도 성공합니다. 의리가 있고, 성실하며 결코 배신하지 않습니다.

꾸준하게 인간관계를 쌓아가는 견실한 인격의 소유자입니다. 사교성이 뛰어나고 경험이 풍부하며 지도력과 포용력이 있습니다. 세상의 쓴맛과 단맛을 겪어본 사람으로, 밝고 원만한 성격으로 누구에게나 사랑받습니다.

어릴 때부터 독립심이 강해 부모에게 의존하지 않고, 자신의 힘으로 운명을 개척하는 타입입니다. 50세부터 말년까지 운이 서서히 열려 마지막에 결실을 맺습니다. 돈이나 부동산, 그리고 가정적으로 모두 풍족합니다.

6. 사각의자형 큰 얼굴
지방형60%+정신형40% - 적극적이고 실행력 최고수준

사각의자 방석모양의 큰 얼굴로, 얼굴 골격이 크고 딱 벌어졌으며 턱은 넓고 살집이 좋은 것이 특징입니다. 이마는 넓고, 눈썹은 두껍고 진해 남성스러운 느낌을 줍니다. 눈은 크고 온화한 분위로 귀는 살이 두텁고 귓불이 큽니다. [그림42]

[그림 42] 사각의자형 큰 얼굴

붙임성이 좋고 사교성이 탁월하며 안정된 정신적 풍요로움이 사람들에게 여유를 느끼게 합니다.
치밀한 두뇌를 가지고 있어 일 처리능력이 뛰어납니다. 완고하고 성미가 조금 급하지만 맡은 일에 최선을 다합니다.

경험이 풍부하고 실행력이 있으며 지도력, 포용력도 자연스럽게 길러지는 타입이기 때문에 어떤 직업에서도 성공하지만, 특히 관리직, 경영에 잘 맞습니다.

금전적으로도 매우 풍족해 많은 유산을 남기지만, 정작 자신은 오로지 일에만 몰두하느라 취미가 없습니다. 가족에게는 재미없는 가장일 수 있습니다.

7. 직사각형 얼굴
근골60%+정신20%+지방20% – 따뜻함과 포용력의 소유자

직사각형 얼굴은 얼굴 모양이 직사각형으로, 살집이 있고 넓은 턱이 특징입니다. 이마는 세로로 길고 눈은 길게 째졌으며 눈빛이 날카롭습니다. 귀는 얼굴에 달라붙어 있고 귓불이 두터워 쌀알을 2, 3알 위에 올릴 수 있을 정도로 단단하고 큽니다. 코는 크고 잘 생겼으며 콧방울이 옆으로 둥글게 퍼져 있습니다. 입은 크고 입술은 조금 두꺼운 편입니다.[그림43]

[그림 43] 직사각형 얼굴

직사각형 얼굴은 근골형을 기본으로 정신형, 지방형이 가장 균형 있게 섞여 있는 좋은 얼굴형입니다. 보고 있으면 자연스럽게 신뢰를 주는 얼굴로 정치가, 경영자 등 사회의 모든 분야에서의 활약을 기대할 수 있습니다

근골형의 강한 의지와 실행력, 정신형의 지적인 총명함, 그리고 지방형의 인간적인 따뜻함과 포용력이 섞여 이상적인 성격이 만들어집니다. 적극적인 행동이 긍정적으로 작용해 저절로 사람들의 위에 서서 지도력을 발휘하는 타입입니다.
중년부터 말년까지 금전적, 가정적으로도 매우 풍족한 대기만성 형이며 장수하는 사람이 많습니다.

8. 긴 얼굴
정신50%+근골50% - 통찰력과 직감력의 소유자

일명 말馬상으로 얼굴은 가로 폭이 좁고 세로가 긴 것이 특징입니다. 눈썹은 얇고 흐리며 눈은 길게 째졌습니다. 귀는 길고 귓불도 세로로 깁니다. 코도 길며 입은 평범한 크기이고 입술 두께도 보통입니다. 턱은 길고 말상입니다. [그림44]

[그림 44] 긴 얼굴

홀쭉한 얼굴은 정신형의 지성과 근골형의 강한의지, 실행력으로 착실하게 인생을 살아가는 타입입니다. 공무원, 대기업 관리직이 잘 맞습니다.

예의가 바르고 의리와 인정이 두터운 사람입니다. 날카로운 통찰력과 비판력을 가짐과 동시에 직감적으로 사물을 파악하는 능력이 있습니다. 머리도 좋고 활동적이기 때문에 스스로의 힘으로 세상을 살아가는 타입입니다. 종교를 굳게 믿고 감사하는 마음을 가지고 있으며 가정적으로 행복한 사람이 많습니다.

어릴 때부터 20세 무렵까지는 부모님이나 조부모님의 보살핌을 받으며 자라지만 25세 정도부터는 자력으로 운을 열고 계획적인 설계로 인생을 개척하는 타입입니다. 얼굴이 긴 사람이 보통 장수합니다.

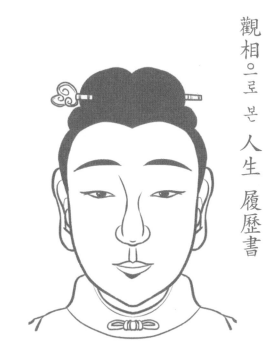

觀相으로 본 人生 履歷書

제 3 장

目

눈은 입만큼 말을 한다

'눈'을 보면 그 사람의 내면을 알 수 있다

> 66 관상에서 눈은 싹, 코는 꽃, 귀는 열매, 입은 행복, 치아는 잎에 비유됩니
> 다. '눈'이 맑으면 사회에서 '싹'을 틔우고 '이'가 튼튼하면 '잎'을 펼치며
> '코'가 잘생기면 '꽃'을 피우고 '귀'가 크고 단단하면 '열매'가 많으며 '입'
> 이 크고 야무지면 인생에 '행복'하다고 합니다. 99

관상에서 얼굴을 100으로 본다면 눈이 50, 코가 20, 귀 20, 입 10으로 그만큼 눈이 차지하는 비중 높다는 뜻으로 다른 곳이 아무리 잘생겨도 눈이 뒤떨어지면 성공하기 어렵고 얼굴이 다소 부족해도 눈만 수려하다면 두려워할 것이 없고 하였습니다.

혹자는 만물을 비추는 해와 달을 양쪽 눈에 비유하여 왼쪽 눈은 해(아버지), 오른쪽 눈은 달(어머니)을 나타낸다고 하였고, 우리 삶에 있어 필수불가결한 존재인 해와 달을 눈에 적용시킴으로써 오관 중 인간에게 가장 중요한 것을 나타내고 있습니다.

눈에 대한 이야기로는 '눈은 마음의 거울'(사람의 마음은 눈빛에 나타난다), '눈은 입만큼 말을 한다(입으로 말하지 않아도 눈빛으로 상대에게 감정을 전할 수 있다) 등이 있습니다. 눈을 보면 자애로 가득한 착한 사람인지, 마음이 차가운 사람인지, 심술궂은 사람인지, 두뇌가 명석한 사람인지, 우둔한 사람인지, 성미가 급한 사람인지 등을 알 수 있습니다. 또한 희로애락의 순간이 눈에 나타나고 마음의 움직임이나 사람을 파악하는데 충분합니다.

좋은 눈은 길게 째져 있고 적당히 윤곽이 뚜렷하며 자애로 가득한 빛을 발산하고 윤기가 있으며 맑습니다. 두 눈이 수평을 이루는 위치에 있고 안구는 지나치게 튀어나오지도 들어가지도 않으며 검은자와 흰자의 경계가 뚜렷합니다. 또 검은자는 위아래 눈꺼풀에 걸려 흰자가 보이지 않는 것이 좋고, 눈동자는 크고 윤기가 나며 검은자가 칠흑 같이 광택이 있어 보이는 사람이 머리가 명석하다고 합니다.[그림45]

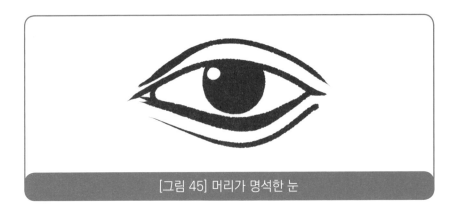

[그림 45] 머리가 명석한 눈

눈과 눈썹 너비의 표준은 손가락 1개가 들어가는 정도이며 손가락이 2개 들어가는 사람은 성격이 야무지지 못하다고 봅니다. 반대로 손가락이 하나도 들어가지 않을 정도로 좁은 사람은 성미가 급하고 걸핏하면 싸우려 들며 부모로부터 재산을 상속받을 수 없거나, 상속을 받아도 유지하기가 힘듭니다.[그림46]

관상에서 십이궁 중 눈썹과 눈 사이를 전택궁(田宅宮)이라고 합니다. 이 부분이 넓고 살집이 있는 사람은 마음이 넓고 덕이 있으며 부모로부터 땅, 집 등을 상속받아 여유로운 삶을 영위할 수 있습니다.

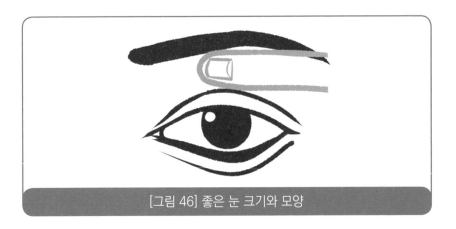

[그림 46] 좋은 눈 크기와 모양

1. 큰 눈과 가늘고 작은 눈

① 눈이 크면 감수성이 예민하다

눈이 큰 사람은 감수성이 예민하고 낙천적이며 관대합니다. 적극적인 성격으로 대담하게 행동하고 시야가 넓은 이상주의자이기도 합니다. 열정적이고 밝지만 분위기를 잘 타고 말수가 많습니다. 솔직하기 때문에 많은 사람들이 좋아합니다.[그림47]

[그림 47] 큰 눈

② 눈이 작고 가늘면 신중하고 냉정하다

눈이 가늘고 작은 사람은 신중하고 관찰력이 뛰어나지만 감수성이 떨어지며 자기 주관대로 사는 현실주의자입니다. 시야가 좁고 한 가지 일에 대해 인내심을 가지고 파고드는 타입이며 냉정하고 꼼꼼하지만 심술궂고 의심이 많은 경향이 있습니다. 또 약간 음침한 성격입니다.[그림47-1]

[그림 47 -1] 가늘고 작은 눈

2. 길게 째진 눈과 왕방울 눈

① 길게 째진 눈은 사려가 깊다

눈이 길게 째진 사람은 사려가 깊을 뿐만 아니라 여유롭고 창의력, 통찰력, 포용력, 결단력, 통솔력, 인내력 등이 다른 사람들에 비해 많습니다. 눈이 길면 길수록 이 성향이 더 강하다고 합니다. 불상, 관음상을 보면 눈이 길게 째졌는데 이는 자비(타인에 대한 배려심)를 나타내며 덕을 갖춘 것으로 생각됩니다.[그림48]

[그림 48] 길게 째진 눈

③ 왕방울 눈은 직감력이 뛰어나다

눈이 둥글고 큰 사람은 감이 매우 예리해 직감적으로 사물을 판단하고 결론을 내리는 경향이 있습니다. 항상 눈앞의 일에 얽매여 사물을 판단하는 근시안적인 사고를 하며, 단순하고 엉성하며 충동적으로 행동하는 타입입니다. 본질적으로 이기적이고 제멋대로인 사람이 많습니다.[그림48-1]

[그림 48-1] 왕방울 눈

3. 툭 튀어나온 눈과 움푹 들어간 눈

① 툭 튀어나온 눈은 다정하거나 냉정하다

툭 튀어나온 눈에는 2종류의 타입이 있습니다.윗 눈꺼풀이 두텁고 통통한 사람은 너그럽고 자신감이 넘칩니다. 다정다감한 성격이며 체력도 좋아 생활력이 있습니다.[그림49] 반대로 윗 눈꺼풀이 얇은 사람은 감수성이 예민하고 예리합니다. 또한 냉정하고 합리적인 성격이지만 소극적이고 소심하며 신경질적인 면도 있습니다.

② 움푹한 눈은 음침하고 집착이 강하다

눈이 움푹한 사람은 항상 냉정하고 관찰력이 날카로우며, 욕망과 집착이 강한 음침한 성격입니다. 사교성도 별로 없고 성미가 급하며 비꼬기를 좋아하지만, 재능이 많고 이성적이며 인내심이 강하고 아량이 넓습니다.[그림49-1]

[그림 49] 툭 튀어나온 눈

[그림 49-1] 움푹 들어간 눈

4. 꼬리가 위로 올라간 눈과 아래로 처진 눈

① 꼬리가 위로 올라간 눈은 지기를 싫어한다

위로 올라간 눈이란, 눈의 어미 (魚尾) 즉 눈꼬리가 위로 치켜 올라가 있는 눈을 말하며, 자존심이 강해지기 싫어합니다. 기가 세기 때문에 결코 다른 사람에게 머리를 숙일 수 없는 타입으로 김수현 배우 눈이 대표적입니다. 손윗사람에게도 거리낌없이 옳고

[그림 50] 꼬리가 올라간 눈

그름을 가려 적을 만들곤 합니다. 또한 용기와 결단력이 있으며 의지도 강하고, 냉정한 판단력과 합리적입니다. 독점욕이 강해 이기적인 편이지만, 진취적인 기질을 타고났고, 미적감각도 뛰어납니다.[그림50]

② 아래로 처진 눈은 온후하고 사람이 좋다

아래로 처진 눈이란, 눈꼬리가 내려가 있는 눈을 말합니다. 성격은 온후하고 인성이 좋아 누구에게나 사랑받는 타입입니다.

많은 고난과 경험을 통해 배려심을 갖추고 있습니다. 약간 소극적인 성격인 사람이 많으며 적극성은 떨어지지만 협조를 잘하고 유머와 사교성이 좋습니다.[그림50-1]

[그림 50-1] 꼬리가 아래로 처진 눈

5. 삼백 안, 사백 안, 짝눈, 사시, 사팔눈

① 삼백 안은 확신과 집념이 강하다

삼백 안이란 눈동자(검은자위)가 흰자를 가리지 못하고 3방면에 눈의 흰자(백(白))가 보이는 것으로 상(上)삼백안, 하(下)삼백안 2종류로 구분합니다.

[그림 51] 상(上)삼백 안

상(上)삼백안은 윗 눈꺼풀과 검은자 사이가 하얗게 보이는 눈입니다. 이상이 높고 물건이나 돈에 대한 집착이 강한 편입니다. 협동심이 떨어지고 이기적이고 냉정한 성격입니다. 강한 집념이 화가 되어 사람들에게 미움을 받고 고립되기 쉽습니다.[그림51]

하(下)삼백안은 아래 눈꺼풀과 검은자 사이가 하얗게 보이는 눈입니다. 타인에 대한 배려심이 부족하고 아무렇지 않게 배신하며 폐를 끼치는 행동을 하기 때문에 미움을 받기 쉽습니다. 확신이 강해 항상 자신이 맞다고 믿고, 비뚤어진 성격인 사람이 많습니다. 삼백안인 여성에게는 색 끼와 연애인 기질이 보이기도 합니다.[그림51-1]

[그림 51-1] 하(下)삼백 안

② 사백 안은 냉혹하고 교활하다

사백안은 위아래 눈꺼풀과 검은자 사이가 모두 하얗게 보이는 눈입니다. 머리가 매우 좋지만 냉혹하고 교활하며 목적을 위해서는 수단과 방법을 가리지 않는 편입니다. 다른 사람을 아무렇지 않게 배신하는 사람이 많습니다.

[그림51-2]

[그림 51-2] 사(四)백 안

③ 짝눈(언밸런스)은 성격이 삐뚤어졌다

좌우 눈의 크기나 모양이 많이 다른 사람은 성격도 삐뚤어진 경우가 많습니다. 좋고 싫음이 분명하고 마음이 불안정하며 변덕이 심할 뿐만 아니라 이기적이고 고집이 센 타입입니다.

④ 사시는 과격하고 개성이 강하다

대화하는 상대화 초점이 맞지 않은 눈을 사시라고 말하며, 사시인 사람은 기질이 과격하고 개성이 강합니다. 또 극단적으로 생각과 비상식적인 행동을 하는 경우가 있습니다. 의심이 많으며 비밀이나 꾀가 많은 이기적인 성향을 갖고 있습니다.

⑤ 사팔눈은 집중력이 있다

눈이 가운데로 몰려 있는 눈을 사팔눈이라고 말하며, 사팔눈을 가진 사람은 집중력이 강하고 행동력이 있습니다. 또 다른 사람의 마음을 빨리 알아차리고 질투심이 강합니다.

6 눈동자의 크기와 색

눈동자가 큰 사람은 감성이 풍부하고 마음이 밝으며 개방적이고 적극적인 성격입니다. 반대로 눈동자가 작은 사람은 신중하고 조심성이 많으며 좀 음침하고 소극적이지만 의지가 강합니다.[그림52]

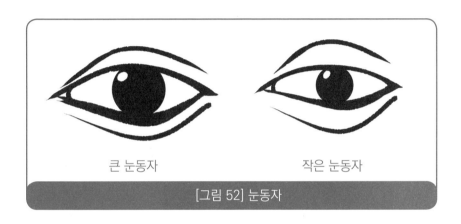

큰 눈동자   작은 눈동자

[그림 52] 눈동자

① 검은 눈동자는 성실하다

눈동자가 까맣고 큰 사람은 성실하고 사려 깊으며 순수하고 정이 많습니다. 성격도 원만하고 상식적이며 솔직합니다. 반대로 눈동자가 까맣고 작은 사람은 사람을 압도하는 박력이 있고 과격하며 이기적이고 집념이 강합니다.

② 갈색 눈동자는 장난기가 있다

눈동자가 갈색인 사람은 장난기가 있고 쾌활합니다. 유머가 넘치는 재미있는 사람입니다. 하지만 성급하고 경박한 행동을 하는 경향이 있고 약삭빠르며 화려합니다. 색채감각은 눈동자가 검은 사람보다 갈색인 사람이 뛰어납니다.

7. 눈동자의 위치

① 눈동자가 정중앙에 위치한 경우

정면을 볼 때 눈동자가 눈의 정 중앙(수평안)에 있으면 표준입니다. 균형적인 감각과 상식이 풍부하고 성격이 원만해 사회생활 하는데 별문제 없이 순조롭게 할 수 있습니다.

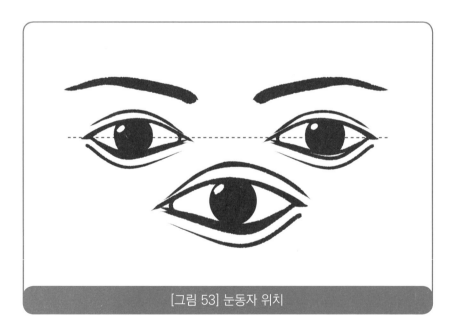

[그림 53] 눈동자 위치

② 눈동자가 윗 눈꺼풀에 가려진 경우

눈동자가 위 눈꺼풀에 가려져 있는 사람은 마음에 희망이 넘쳐나고 의지가 강합니다. 남에게 지기를 싫어하고 야심이 있으며 적극적으로 인생을 살아가는 사람입니다.[그림53-1]

[그림 53-1] 윗 눈꺼풀에 가려진 눈동자

③ 눈동자가 아래 눈꺼풀에 가려진 경우

눈동자가 아래 눈꺼풀에 가려져 있는 사람은 온화하고 감정을 겉으로 드러내지 않으며 상냥하고 소극적입니다. 겸손하지만 의지가 약하기 때문에 다른 사람에게 휘둘리기 쉽습니다.[그림53-2]

[그림 53-2] 아래 눈꺼풀에 가려진 눈동자

8. 눈의 윤곽으로 성격을 알 수 있다

눈 윤곽의 미세한 차이가 성격을 나타냅니다. 윗 눈꺼풀의 윤곽선을 임의로 삼등분해서 설명하겠습니다.

① 눈 윤곽의 눈시울에 가까운 부분이 곡선

[그림54]의 눈 윤곽에서 A-1 부분이 급커브를 그리며 곡선을 이루는 사람은 개방적이고 시원스러우며 밝은 성격입니다. 인성도 좋고 겉과 속이 다르지 않은 솔직한 사람입니다.

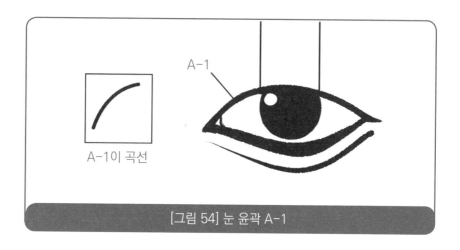

[그림 54] 눈 윤곽 A-1

② 눈 윤곽의 눈시울에 가까운 부분이 직선

[그림54-1]의 눈 윤곽에서 A-2 부분이 직선인 사람은 냉정하고 이해타산적입니다. 직감적으로 본질을 꿰뚫어 보는 능력이 있어 속임수를 쓰는 타입입니다.

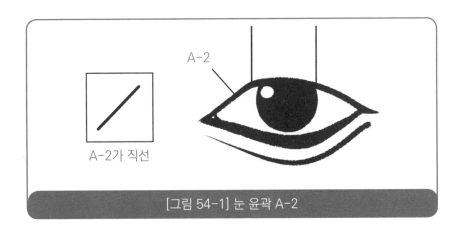

[그림 54-1] 눈 윤곽 A-2

③ 눈 윤곽의 중앙이 곡선

[그림55]의 눈 윤곽에서 B-1 부분이 둥글게 위로 올라갈수록 눈이 또렷해 보입니다. 이 부분이 둥글고 곡선이면 시원하고 밝으며 인성이 좋고 솔직한 성격입니다. 표현력이 풍부하고 미적감각이 뛰어나 예술적인 재능을 발휘합니다.

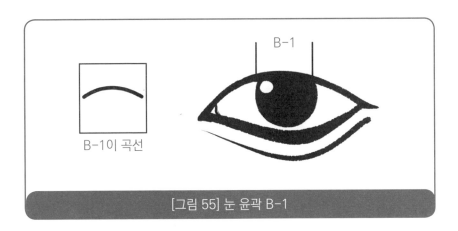

[그림 55] 눈 윤곽 B-1

④ 눈 윤곽의 중앙이 직선

[그림55-1]의 눈 윤곽에서 B-2 부분이 수평으로 직선에 가까우면 가까울수록 합리적, 이해 타산적, 현실적인 성격입니다. 금전감각이 뛰어나고 냉정하고 현실적입니다. 이러한 성격 때문에 주변에 사람을 따르지 않습니다.

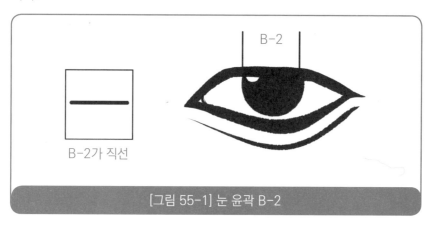

B-2가 직선

[그림 55-1] 눈 윤곽 B-2

⑤ 눈 윤곽의 눈꼬리에 가까운 부분이 곡선

[그림56]의 눈 윤곽에서 C-1 부분이 둥그스름한 곡선인 사람은 제멋 대로이고 개성적입니다. 생명력이 넘쳐 적극적으로 인생을 즐기는 것을 좋아하며, 좋아하는 것이면 무엇이던 잘 해낼 수 있는 사람입니다.

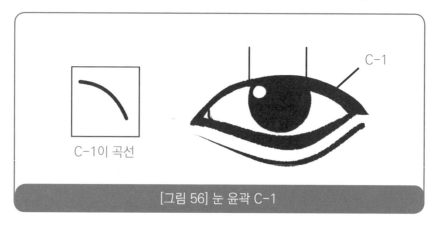

C-1이 곡선

[그림 56] 눈 윤곽 C-1

⑥ 눈 윤곽의 눈꼬리에 가까운 부분이 직선

[그림56-1]의 눈 윤곽에서 C-2 부분이 완만하고 직선에 가까운 사람은 남자의 경우 정력이 약하고 소극적이며 될 대로 되라는 식의 인생을 사는 사람입니다.

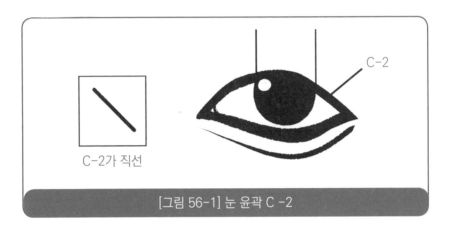

C-2가 직선

[그림 56-1] 눈 윤곽 C -2

9. 눈빛이 날카로운 사람과 눈빛이 둔한 사람

① 눈빛이 날카로우면 두뇌 회전이 빠르다

눈빛이 날카로운 사람은 감각이 예리하고 두뇌 회전도 빠릅니다. 행동이 민첩하고 신경이 예민합니다. 다른 사람의 감정을 빨리 파악해 상황에 맞게 대응할 수 있습니다. 지능이 좋고 지식이 풍부하며 의지도 강합니다. 단점은 쉽게 감정적으로 변하는 것입니다.

쏘아보는 듯한 정도로 눈빛이 날카로운 사람은 자신의 이익과 손해에만 관심이 있고 타인에 대한 배려가 부족합니다. 다른 사람의 의견을 듣는 척은 하지만 실제로는 결코 듣지 않습니다. 과격하고 독선적이며 강렬한 개성을 가지고 있습니다.

② 눈빛이 둔하면 자기 방식대로 산다

눈빛이 둔한 사람은 오관의 기능이 둔하기 때문에 지능과 행동이 느린 편입니다. 감각이 둔해 주변 사람의 영향을 받지 않고 자기 방식대로 살아가는 낙천적인 성격입니다.

10. 눈과 눈썹 사이가 넓은 사람과 좁은 사람

① 눈과 눈썹 사이가 넓으면 인기가 있다

눈과 눈썹사이(전택궁)가 넓은 사람은 손윗사람이나 친구 등 주변 사람의 도움으로 인생을 개척할 수 있습니다. 성격은 대범하고 사람들과 교류범위가 넓으며 화제가 풍부해 인기가 있는 사람입니다. 전택궁이 넓고 풍만한 여자 경우 색기가 있어 원하는 남자가 있으면 유혹해서 내 남자로 만든다고 합니다.[그림57]

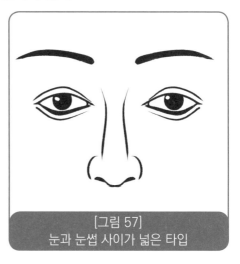

[그림 57]
눈과 눈썹 사이가 넓은 타입

② 눈과 눈썹 사이가 좁으면 성미가 급하다

눈과 눈썹사이(전택궁)가 좁은 사람은 자신의 힘을 꾸준히 키워서 인생을 개척하는 사람입니다. 성격은 성실하고 세심하며 꼼꼼합니다. 그러나 성미가 급한 면이 있고 부모부터 물려받은 유산을 도박 등으로 날리는 사람도 있습니다.

[그림57-1]

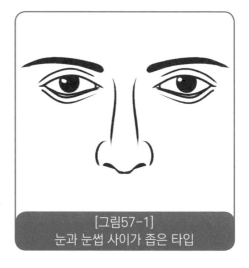

[그림57-1]
눈과 눈썹 사이가 좁은 타입

11. 눈과 눈 사이가 넓은 사람과 좁은 사람

눈과 눈 사이를 십이궁에서는 질액궁(疾厄宮)이라고 하며 손가락 2개가 들어가면 표준입니다.[그림58]

이곳은 코가 시작하는 뿌리이기 때문에 산근(山根)이라고도 합니다. 산근이 높으면 재물운이 좋고 행복합니다. 여기에 윤기까지 좋으면 장수합니다. 산근이 움푹 들어가 있거나 힘줄이나 흉터가 있는 경우에는 위장에 지병이 있고 윤기가 좋지 않으면 고민이 많습니다.

[그림 58] 표준

① 눈과 눈 사이가 넓으면 낙천적이다

눈과 눈 사이가 넓은 사람은 성격이 밝고 대범하며 낙천적입니다. 화려하고 신념과 지속력이 부족하지만 다른 사람과 협력할 수 있다는 좋은 면이 있습니다. 대충 대충이지만 전체적인 형세 판단이 가능하며, 충분히 큰 일을 할 수 있습니다. 하지만 눈 사이가 지나치게 넓은 사람은 좀 칠칠치 못합니다.[그림 58-1]

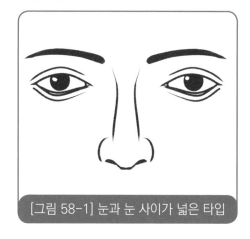

[그림 58-1] 눈과 눈 사이가 넓은 타입

② 눈과 눈 사이가 좁으면 신경질적이다

눈과 눈 사이가 좁은 사람은 신경질적이지만 직감적이고 선견지명이 있어 유행이나 시대 감각을 잘 읽습니다. 기회를 재빠르게 포착하고 상황 판단이 빠르며 행동력이 있습니다. 또한 달변가이고 처세에 능한 합리주의자입니다. 그런데 쓸데없는 걱정이 많습니다. [그림58-2]

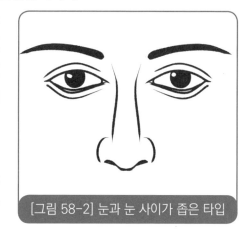

[그림 58-2] 눈과 눈 사이가 좁은 타입

12. 쌍꺼풀이 있는 눈, 없는 눈

① 쌍꺼풀이 없는 눈은 소극적인 성격이다

쌍꺼풀이 없는 사람은 관찰력, 집중력이 있고 냉정하며 이론적입니다. 소극적이고 말수가 적으며 신중하고 세심하며 사려 깊은 성격입니다. 고집에 세고 의지도 강하며 지속력이 있지만 질투심이 강한 단점이 있습니다.[그림 59]

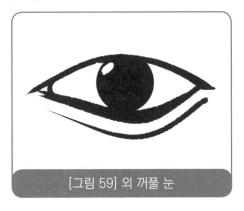

[그림 59] 외 꺼풀 눈

② 쌍꺼풀이 있는 눈은 적극적인 성격이다

쌍꺼풀이 있는 사람은 행동이 빠르고 적극적이며, 직감적이고 감정이 풍부합니다. 또한 열정적이며 밝고 순응적이고, 주변사람과 협조도 잘 합니다. 특히 색, 맛에 대한 감각이 뛰어나고 화려하며 사교성 좋습니다.[그림59-1]

[그림 59-1] 쌍꺼풀 눈

13. 눈 밑 살이 볼록한 사람과 움푹한 사람

눈 밑 뼈가 없는 부분의 주머니(와잠)모양에서 특히 밑 선을 누당(淚堂)이라고 하며, 십이궁에서는 남녀궁(男女宮)이라고 합니다. 이 부분으로는 남녀의 교제와 자식운, 정력을 관찰하는 곳입니다.

① 눈 밑의 살이 볼록하면 정력이 세다

눈 밑의 살이 주머니처럼 탄탄하게 부풀어있는 사람은 체력과 성호르몬 분비가 좋으며 생식기능이 발달되어 있습니다. 생활력이 좋고 건강하며 자식운도 좋습니다.[그림 60]

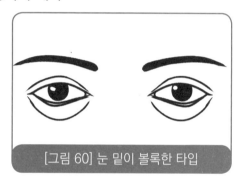

[그림 60] 눈 밑이 볼록한 타입

② 눈 밑 살이 움푹하면 정력이 약하다

눈 밑 살이 움푹하거나 점, 흉터, 탁한 색, 가로주름이 있는 사람은 남녀 모두 배우자와 인연이 멀다고 할 수 있습니다. 자식과의 인연도 약해 자식이 있어도 부모에게 힘이 되지 않습니다.[그림 60-1]

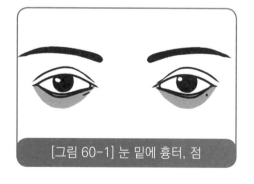

[그림 60-1] 눈 밑에 흉터, 점

14. 아랫 눈꺼풀에 살이 있는 사람과 없는 사람

아랫 눈꺼풀 살이 3mm에서 3.5mm너비로 볼록 튀어나온 부분을 누에 애벌레가 누워있는 모양과 비슷해서 와잠(臥蠶)이라고 합니다.[그림61] 특히 이 부분은 성호르몬 분비하는 곳으로, 성의 강약에 대해 관찰하는 곳 입니다.

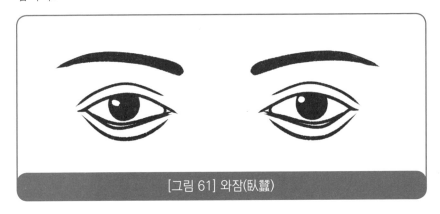

[그림 61] 와잠(臥蠶)

① 아랫 눈꺼풀에 살이 있으면 성적매력이 있다

아랫 눈꺼풀에 살이 통통하게 있는 사람은 정력이 세고 성적 매력이 있어 많은 이성이 따르는 인기 있는 타입입니다. 특히 이 부분이 볼록 튀어나온 사람은 섹스를 좋아하고 이성관계가 복잡하기도 있습니다. 웃을 때 아랜 눈꺼풀 살이 3mm 정도 너비로 볼록 튀어나오는 사람은 성호르몬 분비가 좋아 적당히 정력도 좋습니다.

② 아랫 눈꺼풀에 살이 없으면 정력이 약하다

아랫 눈꺼풀에 살이 없는 사람이 정력이 그다지 세지 않습니다. 하지만 이 부분이 볼록하지 않고 평평해도 피부에 윤기가 있으면 성생활이 순조롭고 자식운도 좋습니다.

15. 눈꼬리 부분에 살집이 있는 사람과 살집이 없는 사람

눈꼬리 부분은 어미(魚尾) 또는 간문(肝門)이라고 합니다.[그림62] 십이궁에서는 눈꼬리에서 귀 쪽으로 손가락 2개 정도가 들어가는 부분을 가리키며 처첩궁(妻妾宮)이라고 합니다. 이 부분으로는 배우자나 애인과의 관계를 관찰하는 곳입니다.

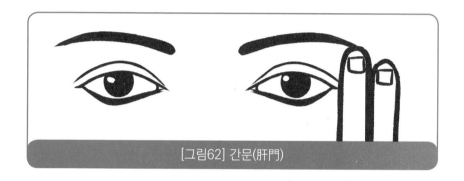

[그림62] 간문(肝門)

① 눈꼬리 부분에 살집이 많으면 좋은 배우자를 만난다

눈꼬리 부분이 혈색도 좋고 살집이 많은 사람은 좋은 배우자를 만나며 사랑이 많고 행복한 결혼 생활을 유지합니다. 하지만 이 부분에 살이 지나치게 많은 사람은 성적욕구나 애정이 너무 강해 이성에게 상처를 주거나 결혼 후에 배우자의 정력을 뽑아 먹는다고 합니다.

② 눈꼬리 부분에 살집이 없으면 배우자와 인연이 없다

눈꼬리 부분에 살집이 없이 움푹하고 거무스름하며 흉터, 점, 멍, 핏대가 보이는 사람은 배우자와 인연이 멀거나 병약 등 무언가 걱정거리를 안고 있습니다. 하지만 이 부분은 중년 이후 또는 갱년기가 되면 주름이 잘 생기는 부분이기 때문에 그다지 신경 쓰지 않아도 됩니다.

鼻

귀 잘 생긴 거지 있어도, 코 잘 생긴 거지 없다

'코'로 보는 금전운, 자아와 체력

> 코는 오감 중 하나인 후각을 담당합니다. 후각은 매우 중요한 감각 중 하나로, 후각으로 이성의 향을 파악하기도 하고, 동물은 맹수의 냄새를 구별해 위험을 감지하기도 합니다. 코는 신체기관으로 말하면 호흡기의 입구입니다. 콧구멍이 크면 클수록 폐활량이 좋아, 코가 큰 사람은 골격도 크고 소화기도 튼튼합니다.

관상학에서는 코끝은 자기자신을 나타내고 콧방울은 별칭으로 금갑(金甲)이라고도 하는데 돈을 모아두는 금고를 의미입니다. 콧방울이 둥글게 펴져 있고 윤기가 좋으면 타인의 협력을 얻어 금고에 돈이 들어와 금전적으로 풍족해 진다고 봅니다.

코끝은 공격성, 투쟁심을 나타내며, 콧방울은 조심성, 방어력을 나타냅니다. 코끝과 콧방울의 밸런스가 좋으면 공격과 방어의 밸런스가 좋다는 의미로, 인생에서 큰 실패를 경험하지 않습니다. 코는 십이궁에서 재백궁(財帛宮)이라고 하며 재물운을 나타냅니다.[그림63]

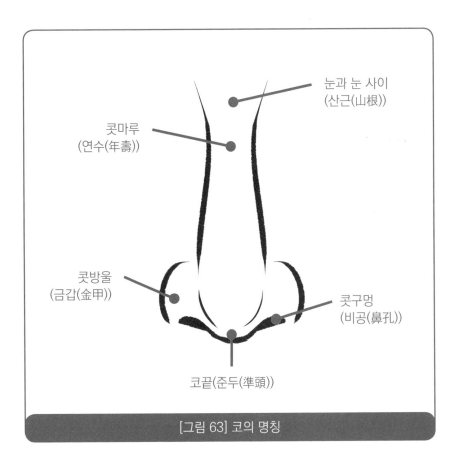

눈과 눈 사이
(산근(山根))

콧마루
(연수(年壽))

콧방울
(금갑(金甲))

콧구멍
(비공(鼻孔))

코끝(준두(準頭))

[그림 63] 코의 명칭

1. 코가 긴 사람과 짧은 사람

코의 표준 길이는 얼굴을 삼등분한 길이와 같거나 또는 귀의 길이와 같으면 황금비율로 봅니다.
이것을 기준으로 코가 긴지 짧은 지 판단합니다.[그림64]

① 코가 길면 꼼꼼하고 성실하다

코가 긴 사람은 꼼꼼하고 성실한 성격으로 자리잡고 앉아 차분히 일에 몰두하며 사려 깊고 책임감이 강합니다.

② 코가 짧으면 밝고 개방적이다

코가 짧은 사람은 밝고 개방적이지만 자존감이 부족해 남에게 의존하는 경향이 강합니다. 경솔하고 사려 깊지못하며, 불성실할 뿐만 아니라 성미가 급하고 거친 면이 있습니다. 그러나 애교가 많아 접객, 서비스업 등에 잘 맞습니다.

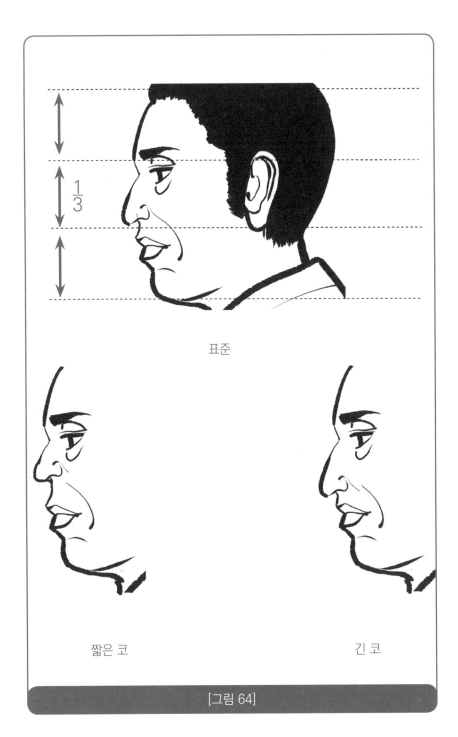

$\frac{1}{3}$

표준

짧은 코   긴 코

[그림 64]

2 코가 높은 사람과 낮은 사람

① 코가 높으면 자존감이 높다

코가 높은 사람은 냉정하고 개성이 강하며 자존감이 높고 자신감이 넘치는 사람입니다. 항상 적극적으로 일에 몰두하고 목적한 바를 이루고 싶은 욕심이 강합니다. 돈보다 지위나 명예에 집착하는 경향이 강한 이상주의자입니다.[그림 65]

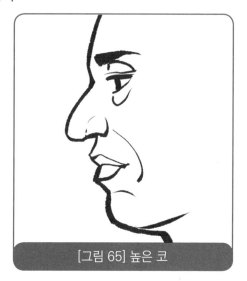

[그림 65] 높은 코

② 코가 낮으면 주체성이 부족하다

코가 낮은 사람은 인생에 소극적이고 자존감이 낮으며 주체성이 부족해 다른 사람의 영향을 잘 받습니다.

체면이나 겉모습을 신경 쓰지 않는 현실적인 타입으로 실질적이지만 윤리의식 부족한 면이 있습니다.[그림 65-1]

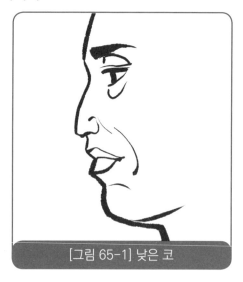

[그림 65-1] 낮은 코

3 코가 두꺼운 사람과 얇은 사람

① 코가 두꺼우면 체력이 좋다

코가 두꺼운 사람은 골격도 크고 체력도 좋습니다. 적극적이며 의지가 강하고 인내력, 아량이 있으며 온후하고 다른 사람을 배려해주는 성격입니다. 물욕, 금전욕, 식욕, 성욕이 강한 본능적인 사람이며 건강과 재력이 풍부 합니다. [그림66]

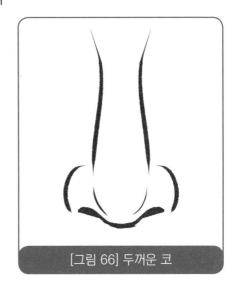

[그림 66] 두꺼운 코

② 코가 얇으면 섬세하다

코가 얇은 사람은 골격도 작고 약간 제멋 대로이며 소극적인 성격입니다. 섬세하고 신경질적이기 때문에 잔 걱정이 많습니다. 마음은 그렇게 너그럽지 못하나, 성실하고 지적이며 이성적입니다. 지위나 명예에 구애되지 않는 편이며 돈에는 집착하면 인연도 없는 듯합니다. 호흡기, 소화기가 약간 약해 체력이 별로 좋지 않습니다. [그림66-1]

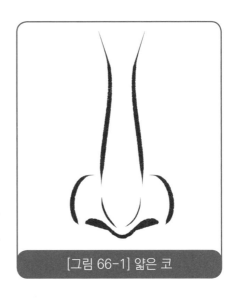

[그림 66-1] 얇은 코

4. 코끝이 둥글고 살집이 있는 사람과 뾰족하고 살집이 없는 사람

① 코끝이 둥글고 살집이 있으면 재물운이 좋다

코끝(준두)이 둥글고 살집이 있으며 혈색이 좋은 사람은 명예심이 강하고 정도 많으며 자신보다 약자라고 생각하는 사람에 대해 배려할 줄도 안다.[그림67]

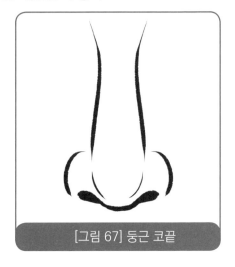

[그림 67] 둥근 코끝

② 코끝이 뾰족하고 살집이 없으면 지구력이 없다

코끝이 뾰족하고 살집이 없는 사람은 성실하며 지적이고 미적감각이 뛰어나며 재주가 많지만 성미가 급하고 자존심이 높아 지위나 명예에 집착하고 허세가 있습니다. 또한 신경질적이고 지구력이 없으며 체력부족으로 쉽게 지치는 스타일입니다. 인간관계도 원만하지 못하고 금전적으로도 그다지 풍족하지 않습니다.[그림67-1]

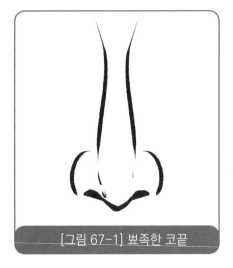

[그림 67-1] 뾰족한 코끝

5. 콧방울이 넓은 사람과 좁은 사람

① 콧방울이 넓으면 인간관계가 원만하다

콧방울이 넓은 사람은 사람들과 가깝게 지내는 것을 좋아하며, 세상 물정에도 능통하고 인간관계도 원만합니다. 또한 실무능력이 우수하고 실리적인 삶을 살아갑니다. 야성적이고 정력이 넘치며 체력도 좋아 일을 잘하고 주위사람들로부터 도움을 받으며 재산도 풍족합니다.[그림68]

[그림 68] 넓은 콧방울

② 콧방울이 좁으면 지구력이 약하다

콧방울이 좁은 사람은 지적이고 감성이 풍부하여 섬세하며, 자존감이 높고 체면을 중요시합니다. 생식기, 호흡기가 약한 편이며 지구력이 부족합니다. 또한 일을 시작하면 끝까지 마치지 못하고 포기하며, 동료의 도움도 받지 못하는 편입니다. 스스로 열심히 일을 해야 풍족한 삶을 살수 있으며, 지적인 일을 하면 운이 열릴 수 있습니다.[그림68-1]

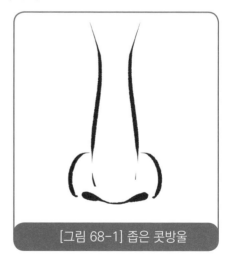

[그림 68-1] 좁은 콧방울

6 콧구멍이 위를 향하는 사람과 아래를 향하는 사람

① 콧구멍이 위를 향하면 자기중심적이다

코는 자기자신을 나타냅니다. 콧구멍이 위를 향하는 사람은 (들창 코)주변 사람에게 자신의 속을 드러내는 타입니다. 품성은 개방적이고 밝으며 사교적이고 좋은 성격입니다. 자기중심적 인 면이 있으나, 친구, 지인들에게 인심이 좋으며, 실속이

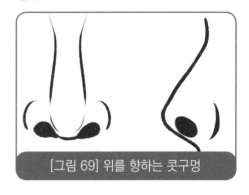

[그림 69] 위를 향하는 콧구멍

없이 사람만 좋습니다. 코가 위를 향하면 향할수록 이러한 경향이 강합니다. [그림69]

② 콧구멍이 아래를 향하면 비밀이 많다

콧구멍이 아래를 향하는 사람은 냉정하며, 음침하고 폐쇄적인 성격이 많습니다. 또한 신중하고 조심성이 많으며 비밀도 많습니다.

자신의 마음을 읽히는 것을 굉장히 싫어하기 때문에 대인관계도 많지 않은 편입니다. 돈 씀씀이도 철저해 절대로 쓸데

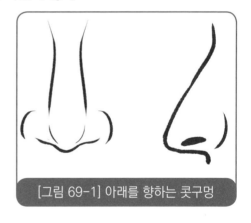

[그림 69-1] 아래를 향하는 콧구멍

없이 돈을 쓰지 않는 타입니다. 이러한 경향은 코가 아래를 향하면 향할수록 강합니다.[그림69-1]

7 콧구멍이 큰 사람과 작은 사람

① 콧구멍이 크면 낭비가 심하다

콧구멍이 큰 사람은 성격이 밝고 개방적이며 마음이 풍요롭지만 상대를 대충대충 대하는 경향이 있습니다. 금전적인 측면은 대인 관계가 넓어 지출이 많지만 들어오는 것도 많습니다.[그림70]

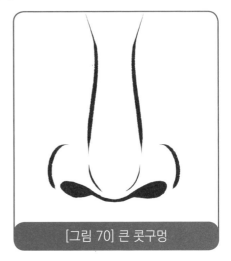

[그림 70] 큰 콧구멍

② 콧구멍이 작으면 저축부터 한다.

콧구멍이 작은 사람은 그릇이 작고 겁도 많아 신중한 성격입니다. 그래서 돈을 쓰기보다는 일단 돈이 들어오면 저축부터 하는 타입입니다. 콧구멍이 극단적으로 작은 사람은 절약을 잘하지만 불평이 많고 치사한 면도 있습니다.
[그림70 -1]

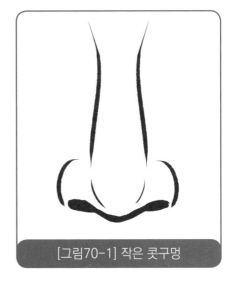

[그림70-1] 작은 콧구멍

8 코의 모양

① 단비(段鼻) 개성이 강하고 지기 싫어한다

'단비(段鼻)', '제왕비(帝王鼻)'라고
도 하며 콧마루의 위쪽이 계단처럼 높
은 코를 말합니다.[그림71] 일명 로마
코 라고도 합니다. 이 코를 가진 사람
은 공격적이며 개성이 강하고 지기를
싫어합니다. 독립심이 강하고 용기와
강한 의지를 가지고 있으며 실행력도
뛰어납니다.

운은 좋아도 성격이 까다로워 인생에
파란이 많으며 이직을 반복합니다. 이

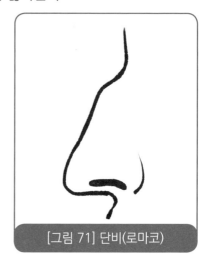

[그림 71] 단비(로마코)

코를 가진 여성은 커리어 맘으로 가정과 일을 병행하는 타입입니다.

② 사안비(思案鼻)는 의리가 있다

사안비는 단비(段鼻) 로마코보다 조
금 아래 부분의 콧마루가 높은 코를
말합니다.[그림71-1]

이 코를 가진 사람은 감수성이 예민하
고 사려 깊으며 치밀하고 방어본능이
매우 강한 타입입니다.

남을 보살피는 것을 매우 좋아하고 쓸
데없이 참견하는 경향이 있습니다. 의
리가 있고 감성적이지만 금전적으로
는 그다지 풍족하지 않습니다.

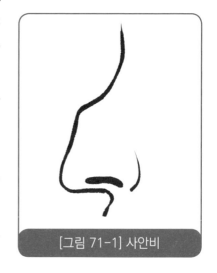

[그림 71-1] 사안비

③ 조비(釣鼻)는 돈벌이에 능하다

'조비(釣鼻)', '대비(袋鼻)', '취비(鷲鼻)'라고도 하며, 서양에는 유태인코라고도 합니다. 부자인 유대인에게 많이 있는 코입니다.[그림71-2]

코끝이 밑으로 처진 것이 특징입니다. 이 코를 가진 사람은 시대의 흐름을 빠르게 파악하고 직감력이 있으며 세상 물정을 잘 알아 장사나 돈벌이에 능합니다. 돈 욕심이 다른 사람보다 배로 강하기 때문에 많은 재산을 남기는 사람이 많습니다. 냉혹하고 이해타산 적인 성격이며 이기적이지만 인내심이 강하고 정조관념도 강한 것이 특징입니다.

[그림 71-2] 조비(유태인코)

④ 군자비(君子鼻)는 품위 있고 우아하다

'군자비(君子鼻)', '예술비(藝術鼻)'라고 하며 콧마루가 일직선으로 오똑한 코를 말합니다.[그림71-3]
일명 그리스코 라고도 합니다. 이 코를 가진 사람은 풍족한 환경에서 자란 사람이 많으며 품위 있고 자존감이 높으며 우아합니다.
지성과 교양을 자연스럽게 몸에 익혀 목적한 바를 이루기 위한 마음이 강하고 인격 형성을 위해 노력하는 타입입니다. 미적감각도 뛰어나며 두뇌가 명석합니다.

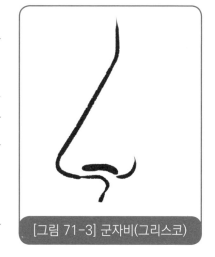

[그림 71-3] 군자비(그리스코)

⑤ 천담비(天膽鼻)는 대담한 성격이다

천담비는 코가 시작하는 부분(산근)이 높고 콧마루가 두터우며 콧방울이 옆으로 넓은 남성스럽고 잘생긴 코를 말합니다.[그림71-4]

이 코를 가진 사람은 성격도 남성스러우며 배짱도 좋으며, 머리가 매우 좋아 생각이 명쾌하고, 행동도 대담한 편입니다. 완고하지만 재주가 많고 꾸준하며, 체력도 뛰어납니다.

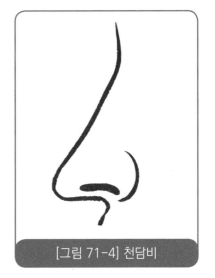

[그림 71-4] 천담비

⑥ 경단코는 삶의 지혜가 있다

경단코는 코끝이 경단 모양인 동그란 코를 말합니다.[그림71-5]

이 코를 가진 사람은 식욕, 성욕, 물욕이 강하고 본능에 솔직합니다. 삶과 인간관계는 빈틈없이 능숙하게 해냅니다. 현실주의자로 지적, 문화적인 것에는 별로 관심을 보이지 않습니다. 실리적인 성격이기 때문에 금전운이 좋아 많은 재산을 유산으로 남깁니다.

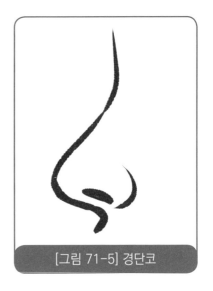

[그림 71-5] 경단코

⑦ 사자비(獅子鼻)는 물욕이 강하다

사자비는 '납작코'라고도 하며 코가 시작하는 부분(산근)부터 콧마루까지 낮고 코끝이 위를 향하는 코를 말합니다.[그림71-6] 콧방울은 살집이 있고 책상다리를 한 것처럼 옆으로 둥글게 퍼져 있습니다.

이 코를 가진 사람은 밝고 야성적이며 터프한 성격입니다. 하지만 성미가 급하고 이기적이며 배려심이 부족하고 비상식적인 면이 있습니다. 물욕이 강하기 때문에 열심히 일해 돈을 벌지만 낭비벽이 있어 저축하지 않습니다.

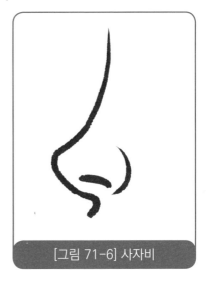

[그림 71-6] 사자비

⑧ 어린이코는 경박하다

어린이코는 '식모코'라고도 하며 어른이 되어서도 작고 낮은 코를 말합니다.[그림71-7] 이 코를 가진 사람은 글자 그대로 어린이와 같은 성격을 가진 사람으로, 주체성이 없고 의지도 부족해 남에게 휘둘려 부추김에 잘 넘어가고 정신적, 육체적으로도 어른이 되지 못한 상태라고 할 수 있습니다. 성격도 밝고 사람은 좋지만 경박하고 자존감이 없습니다.

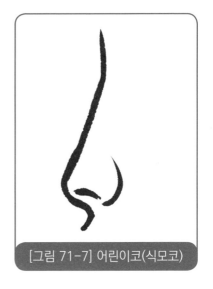

[그림 71-7] 어린이코(식모코)

입으로 보는 애정과 생명력

생명력과 의지를 판단한다

입에는 오관 중 하나인 '혀'가 있어 '미각'을 알 수 있습니다. 입을 통해 말을 하고 다른 사람들과 소통 합니다. 또 생명을 유지하기위해 호흡을 하고, 입은 크기나 탄력으로 건강, 행동, 생명력을 알 수 있으며, 입을 다무는 방법으로 의지를 알 수 있습니다, 혀의 두께로 애정을 파악할 수 있습니다.

입은 두 눈의 눈동자 안쪽을 기준으로 입 넓이의 크고 작음을 판단합니다[그림72]. 살집은 적당하고 탄력이 있으며 다물어진 쪽이 좋다고 할 수 있으며, 또 위아래의 두께가 같거나 윗입술이 조금 얇은 것이 좋다고 합니다 [그림73].

윗입술 산이 가지런하고 색은 담홍색이며 아름답고 입의 윤곽이 선명한 것이 이상적입니다.

입이 뾰족하지도 오목하지도 않고 입꼬리가 올라가 있는 것이 좋습니다. 또한 입의 윤곽이 확실하고 모양이 좋으면 이성적이고 의지가 강하며 정조관념이 있습니다.

[그림 72]

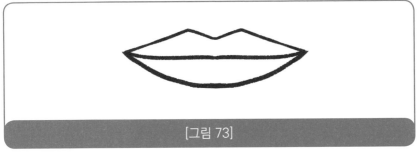

[그림 73]

1. 입이 큰 사람과 작은 사람

① 입이 크면 본능과 욕망이 강하다

입이 큰 사람은 꿈과 희망, 뜻이 높고 본능과 욕망도 강한 타입입니다. 성격은 밝고 개방적이며 사회성이 있습니다.[그림72-1]

마음도 넓어 아량이 있으며 생명력이 넘칩니다.

지도력, 통솔력, 결단력, 행동력이 있으며 생활력도 있어 금전적으로 크게 풍족한 생활을 합니다.

[그림 72-1] 큰 입

② 입이 작으면 솔직하고 성실하다

입이 작은 사람은 소심하고 꿈과 희망도 작은 타입입니다.[그림72-2] 머리는 회전이 좋아 지적욕구가 강하지만 신경질적이고 조심성이 많으며 쓸데없는 걱정이 많아, 소극적인 성격이라 실행력이 부족 합니다. 그러나 솔직하고 예의 바르며 꼼꼼하고 성실한 사람입니다. 미적감각이 뛰어나고 기획 등 지적능력이 필요한 일에 적합합니다

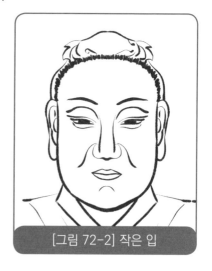

[그림 72-2] 작은 입

공동작업을 할 때 팀원에게 의존하는 경향이 있고 체력은 좋지 않아 지구력이 부족 합니다.

2 윗입술이 두꺼운 사람과 얇은 사람

① 윗입술이 두꺼우면 헌신적이다

윗입술이 두꺼운 사람은 적극적인 성격이며 경쟁심은 강하지만 정이 깊어 타인에게 마음을 다하는 헌신적인 면이 있습니다. 윗입술이 두꺼우면 두꺼울수록 더욱 뚜렷한 성향을 보입니다. 식욕, 성욕 등 본능이 강하고 미각이 뛰나 음식을 만드는 셰프. 감성을 담아 노래하는 트로트 가수(현철) 중에 윗입술이 두꺼운 사람이 많습니다.[그림73-1]

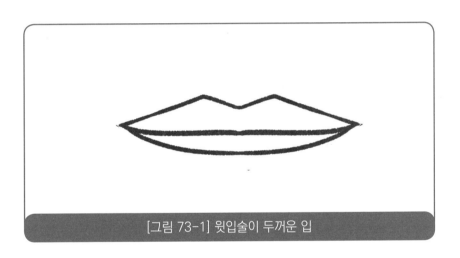

[그림 73-1] 윗입술이 두꺼운 입

② 윗입술이 얇으면 이성적이다

윗입술이 얇은 사람은 담백하고 지적이지만, 이성에 대한 배려심이 부족해 애정표현이 서투릅니다. 지식욕이 왕성하고 요령도 좋아 냉정하게 일을 처리합니다. 이성적인 사고방식과 행동이 특징입니다. 여성의 경우, 말을 잘하거나 수다쟁이가 많습니다

3. 아랫입술이 두꺼운 사람과 얇은 사람

① 아랫입술이 두꺼우면 자기중심적이다

아랫입술이 두꺼운 사람은 개성이 강하고 자기중심적 입니다. 아랫입술이 두꺼우면 두꺼울수록 더욱 뚜렷한 성향을 보입니다. 항상 사람들에게 사랑을 받지 않으면 만족하지 못하는 면이 있습니다.[그림73-2]

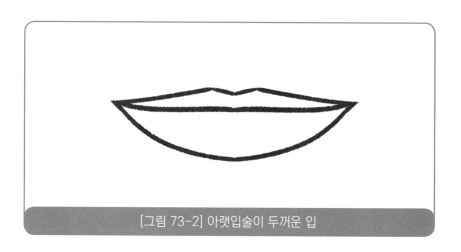

[그림 73-2] 아랫입술이 두꺼운 입

② 아랫입술이 얇으면 주체성이 없다

아랫입술이 얇은 사람은 주위사람의 평판에 관심을 가지며, 주체성이 부족하고 개성이 없는 성격입니다. 아랫입술이 얇으면 얇을수록 더욱 뚜렷한 성향을 보입니다. 식욕, 성욕, 체력이 약하고, 생활력이 부족한 사람이 많습니다.

4. 입술 윤곽으로 보는 성격

사람마다 제각기 다른 모양의 입술이지만, 미세한 차이로 성격을 알 수 있습니다.

① 자존감이 높은 사람
윗입술이 솟아오른 사람은 프라이드가 높은 사람입니다. 얼굴이 이쁘고 몸매가 좋거나, 머리가 좋고 재능이 많은 사람으로, 다른 사람을 깔보는 경향이 있습니다. 자존감이 과잉 상태입니다.[그림74]

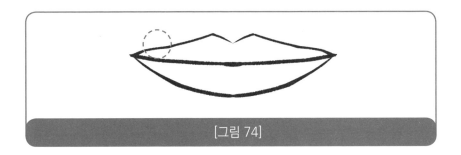

[그림 74]

② 애정이 풍부하고 배려심이 있는 사람
윗입술의 입꼬리에 살이 있는 사람은 애정이 풍부해 모든 사람에게 친절하고 배려심이 있습니다.[그림74-1]

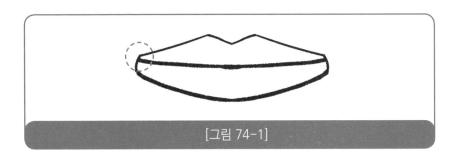

[그림 74-1]

③ 상식이 풍부한 사람

윗입술의 좌우가 직선인 사람은 솔직하게 애정을 표현하고 부모로부터 가정 교육을 잘 받고 자란 사람으로, 맺고 끊을 때를 알고 상식적입니다.[그림74-2]

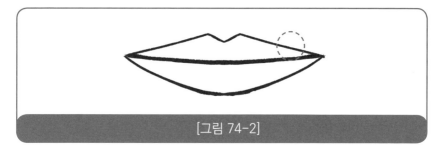

[그림 74-2]

④ 합리적인 사람

윗입술의 중앙이 아래로 향하는 사람은 합리적으로 사고합니다. 집중력, 기억력이 좋고 예리합니다. 의지가 강하고 터프한 사람입니다.[그림74-3]

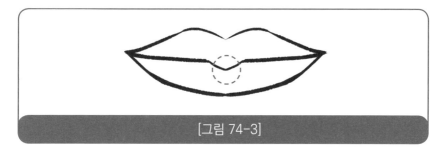

[그림 74-3]

⑤ 결벽증이 있는 사람

아랫입술의 중앙이 위로 올라간 사람은 예민하고 결벽성이 있습니다. 성실 하지만 융통성이 없고 차가운 사람입니다.[그림74-4]

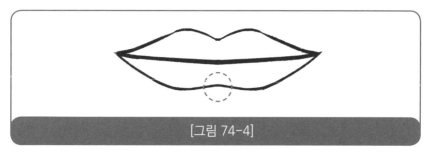

[그림 74-4]

5. 입술에 세로주름이 많은 사람과 적은 사람

입술에 있는 세로주름은 '환대문(歡待紋)'이라고 하며 가지런한 일직선이 을 말합니다.[그림 75]

① 입술에 세로주름이 많으면 사교성이 있다

입술에 세로주름
이 많은 사람은 밝고
개방적인 성격으로
사교성이 많아 지인,
친구, 이성에게 인기
가 있습니다.

[그림 75] 세로주름이 많은 입술

또 공동작업을 할 때
협조심이 있고 고생을 고생으로 느끼지 않는 스타일입니다. 사람을 초대
해 같이 술을 마시거나 식사를 하면서 많은 사람들과 인생을 즐기기를 좋
아하는 사람일수록 환대문이 많습니다.[그림 75]

② 입술에 세로주름이 적으면 이해 타산적이다

입술에 세로주름
이 적은 사람은 냉정
하고 계산적이며 이
해 타산적인 성격입
니다. 사고방식도 이
기적이며 타인에 대

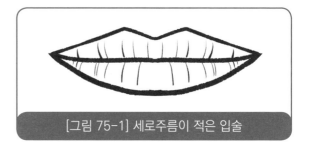

[그림 75-1] 세로주름이 적은 입술

한 배려심이 없습니다. 다른 사람들과 식사하는 돈조차 낭비라고 생각해
자연스레 인간관계도 줄어들어 스스로 고립되고 맙니다.[그림 75-1]

6 입의 모양

① 앙월형(仰月型-초승달 모양)은 직업과 금전운이 좋다

앙월형 입은 '삼일월 (三日月) 입'이라고도 하며 입술의 각이 위로 올라간 입을 말합니다. 이 입을 가진 사람은 밝고 애정이 풍부하며 유머도 있을 뿐만 아니라 온후

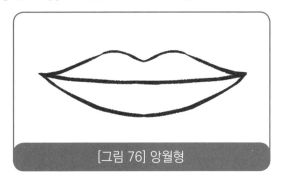

[그림 76] 앙월형

하고 원만한 성격입니다. 부모로의 지원으로 교육을 잘 받고 자라 두뇌가 명석하고 강한 의지를 가지고 있습니다. 행동력도 있어 직업과 금전적으로 모두 좋은 행복한 사람입니다.[그림76]

② 복월형(伏月型)은 성실하고 완고하다

복월형 입은 '산 모양 입'이라고도 하며 입술의 각이 아래로 내려간 입을 말합니다. 이 입을 가진 사람은 성실하지만 까다롭고 음침한 성격입니다. 성격이 비뚤어져 불평불만이 많습니다.

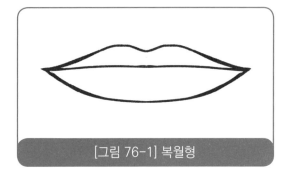

[그림 76-1] 복월형

본질적으로는 배려심이 있지만 이해할 수 없는 행동을 하는 경우가 많습니다. 고집이 세고 협조심이 결여 되어 인간관계나 금전적으로 그다지 좋지 않습니다.[그림76-1]

③ 일자형(一字型)은 의지가 강한 노력가이다

일자형 입은 '한일자형'이라고도 하며 윗입술과 아랫입술이 만나는 선이 일직선인 입을 말합니다. 이 입을 가진 사람은 의지가 강하고 성실한 노력가입니다. 몸도 마음도 튼튼하고 건강합니다.[그림76-2]

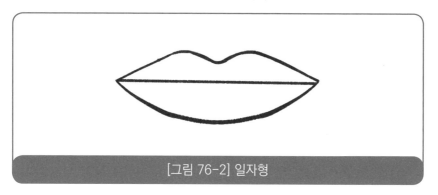

[그림 76-2] 일자형

④ 넉사자형(四字型)은 의리, 인정이 두텁고 장수한다

넉사자형 입은 입이 직사각형과 같은 '사(四)'자 모양으로, 윗입술과 아랫입술이 모두 두꺼운 입을 말합니다. 이 입을 가진 사람은 개성이 강하고 정직합니다. 의리, 인정이 두텁고 온후하며 원만한 면도 있습니다. 머리가 좋고 글재주가 뛰어나며 장수하고 돈도 많습니다.[그림76-3]

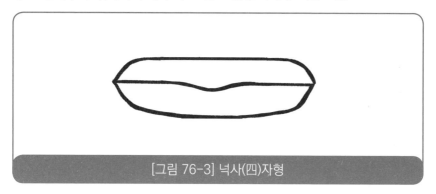

[그림 76-3] 넉사(四)자형

⑤ 길게 찢어진 입은 밝고 성실하다

길게 찢어진 입은 옆으로 긴 입을 말합니다. 이 입을 가진 사람은 밝고 사교적입니다. 성실하며 의리, 인정이 많고 원만한 성격입니다.[그림76-4]

[그림 76-4] 길게 찢어진 입

⑥ 아랫입술이 튀어나온 입은 따지기 좋아하고 이기적이다

아랫입술이 윗입술보다 튀어나와 있는 사람은 따지기 좋아하며 시기와 의심이 많습니다. 인내력이 있지만 제멋 대로이고 이기적이기 때문에 윗사람의 덕을 보지 못하고, 지장도 이직아 잦아 계속 전전합니다.[그림76-5]

[그림 76-5] 아랫입술이 튀어나온 입

⑦ 아랫입술이 윗입술에 덮인 입은 정의감이 강하고 개성적이다

아랫입술이 윗입술에 덮여 있는 사람은 이론적인 것을 좋아하고 정의감이 넘치는 개성이 강한 스타일입니다.[그림76-6]

[그림 76-6] 아랫입술이 윗입술에 덮인 입

⑧ 삐죽 튀어나온 입은 거칠고 감정적이다

삐죽 튀어나온 입은 촛불을 끌 때 입으로 바람을 부는 듯한 모양을 말합니다. 고집이 세고 완고하며 또 거칠고 감정적이기 때문에 인간관계의 트러블이 많아, 틈이 나면 떠들어야 직성이 풀리는 사람입니다.[그림76-7]

[그림 76-7] 삐죽 튀어나온 입

⑨ 움푹 들어간 입은 소극적이고 주체성이 없다

입이 움푹 들어간 사람은 말이 없고 소극적, 내성적이며 매우 조용한 성격입니다. 의지가 약하고 주체성이 없어 남에게 쉽게 휘둘립니다.
[그림76-8]

[그림 76-8] 움푹 들어간 입

⑩ 말린 입은 자만심이 강하고 고독하다

말린 입 즉 윗입술이 뒤집어 까진 입을 말합니다. 이 입을 가진 사람은 자만심이 강하고 감상적이 되기 쉬운 성격입니다. 자신과 관계 있는 사람만 편드는 경향이 있어, 외톨이가 될 가능성이 높으며 다른 사람의 말을 잘 믿어 속이기 쉬운 사람입니다.[그림76-9]

[그림 76-9] 말린 입

⑪ 뻐드렁니는 호기심과 성에 대한 관심이 강하다

뻐드렁니가 있고, 입이 다물고 있는 사람은 호기심과 성에 대한 관심이 강하고 야성적입니다. 자기주장이 강하고 행동력이 있어 생활력이 좋습니다. 뻐드렁니가 있고 입이 벌리고 있는 사람은 칠칠치 못하고 끈기가 부족할 뿐만 아니라 거칠고 고집이 센 편입니다.[그림76-10]

[그림 76-10] 뻐드렁니

耳

귀를 보면 그 사람 인생이 보인다

귀에 구멍을 뚫으면 수명과 금전운이 줄어든다

"귀는 오감 중 하나인 청각을 담당하며 소리와 말을 듣고 정보를 모으는 중요한 기관입니다. 귀를 통해서는 금전운, 성격, 수명, 건강, 특히 신장에 대해 파악할 수 있으며 귀를 보면 그 사람의 인생이 보인다고 합니다. 귀는 얼굴 중에서도 평생동안 모양 변화가 제일 적은 부분으로, 부모의 유전자를 가장 많이 받습니다. 환경이 풍족하거나 부부가 건강하고 사이 좋을 때 태어난 아이의 귀는 양쪽 모두 신기하게도 모양이 좋고 크며 두툼하고 탄력이 있습니다. 반대로 부모가 경제적으로 힘들 때, 부부 사이가 좋지 않을 때, 건강이 좋지 않을 때 태어난 아이의 귀는 모양이 좋지 않고 작으며 살이 없고 말랑말랑합니다. 불상의 부처님 귀를 보면 귓불이 넓고 큰 복귀로 만들어져 있습니다. 이는 귀가 수명, 건강, 체력, 재산이 풍부하다는 것을 증명합니다. 이렇게 중요한 귀에 귀걸이를 하기 위해 구멍을 뚫는 사람들이 많습니다만, 귀에 구멍을 뚫는 것은 금전운과 수명을 줄이는 것과 다름없습니다."

1 귀의 위치가 높은 사람과 낮은 사람

귀는 눈썹과 코끝의 사이를 기준으로 그보다 높은 위치에 있는지, 낮은 위치에 있는지에 따라 높고 낮음을 판단합니다.[그림77]

[그림 77] 표준 귀 위치

① 귀의 위치가 높으면 생활력이 뛰어나다

귀의 위치가 높은 사람은 생명력이 강하고 생활력도 뛰어납니다. 야성미가 있고 본능적인 날렵함을 가지고 있습니다. 의리, 인정이 많고 꾸준하고 견실하게 살아가는 서민적인 사람입니다. 기억력이 좋고 직장생활은 윗사람의 도움을 받아 편안하며, 경제적으로도 풍족합니다.[그림77-1]

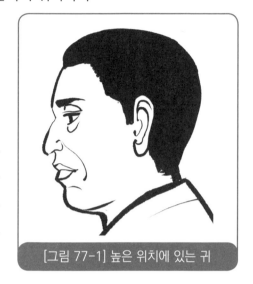

[그림 77-1] 높은 위치에 있는 귀

② 귀의 위치가 낮으면 교육을 잘 받고 자란다

귀의 위치가 낮은 사람은 부모의 지원으로 교육을 잘 받고 자라 지성, 품성이 우수하고 취미가 많습니다. 리더십도 있고 동료나 아랫사람을 잘 보살펴 호감 가는 사람이지만, 신경질적이고 질투심이 많은 면도 있습니다.[그림77-2]

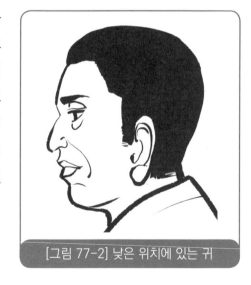

[그림 77-2] 낮은 위치에 있는 귀

2. 귀를 3등분하면 지(知), 의(意), 정(情)이 된다

관상학에 '우뚝 솟은 귀는 지혜롭고, 낮게 처진 우둔하다'라는 말이 있는 것처럼 귀의 윗부분 상부가 큰 사람[그림78]은 지력이 뛰어나고 지혜롭습니다. 그러나 귀의 상부가 뾰족한 사람[그림80]은 고독하고, 일을 잘 못하고도 반성하는 마음이 부속하고, 몸도 약한 편입니다. 그리고 귀 하부 밑부분(귓불)가 큰 사람[그림79]은 체력이 좋고 정도 많습니다.

귀를 3등분했을 때 상부는 천륜(天輪)[그림78]이라고 하며 '지(知)'를 나타냄에 따라 지력, 지식, 감수성, 재능을 파악할 수 있습니다. 귀 상부의 윤곽이 뚜렷하고 두터우며 탄력이 있으면 지력이 뛰어나고 재능이 있습니다. 인간관계도 원만합니다. 하지만 윗부분만 큰 사람은 감수성이 예민하며 아는 것만 많고 행동이 따르지 않아 꿈이나 이상만 쫓는 경향이 있습니다.

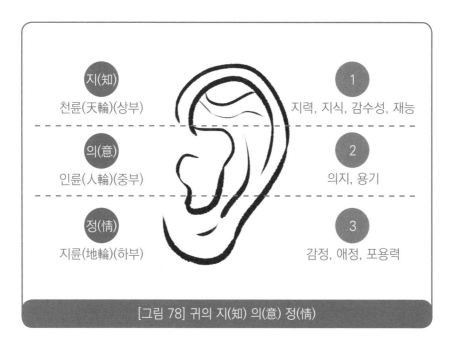

지(知) 천륜(天輪)(상부)	1 지력, 지식, 감수성, 재능
의(意) 인륜(人輪)(중부)	2 의지, 용기
정(情) 지륜(地輪)(하부)	3 감정, 애정, 포용력

[그림 78] 귀의 지(知) 의(意) 정(情)

중부는 인륜(人輪)[그림78]이라고 하며 '의(意)'를 나타냄에 따라 용기, 의지력, 실행력을 볼 수 있습니다. 이곽(耳廓)이 안으로 들어가 있으면 성격은 원만하고 온후합니다. 상식적이고 보수적 성격으로 조심성이 많아 우유부단한 면이 있습니다. 이곽이 안으로 들어가면 들어갈수록 우유부단함이 강하다고 보면 됩니다.[그림80]

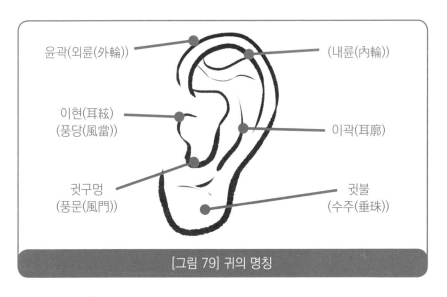

윤곽(외륜(外輪))

(내륜(內輪))

이현(耳絃)
(풍당(風當))

이곽(耳廓)

귓구멍
(풍문(風門))

귓불
(수주(垂珠))

[그림 79] 귀의 명칭

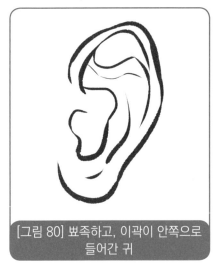

[그림 80] 뾰족하고, 이곽이 안쪽으로
들어간 귀

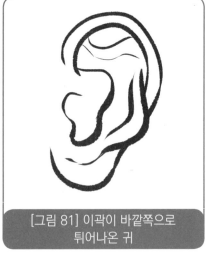

[그림 81] 이곽이 바깥쪽으로
튀어나온 귀

반대로 이곽이 밖으로 튀어나올수록 개성이 강하고 혁신적이며 고정관념에 구애되지 않고 자유로운 발상을 합니다. 또 좋고 싫음이 분명하고 지기 싫어합니다. 이기적인 성격이지만 적극성, 독창성, 실행력이 좋습니다. 여성 중 이곽이 많이 밖으로 튀어나온 사람은 고정관념을 따르지 않고 영혼이 자유로워 싱글로 살아갈 가능성이 높습니다.[그림81]

귀 하부는 지륜(地輪)[그림78]이라고 하며 '정(情)'을 나타내는데 감정, 애정, 포용력을 관찰하는 곳입니다. 귓불이 큰 사람은 밝고 활동적이며 사교적입니다. 또한 건강하고 체력도 좋습니다. 인성은 원만하고 포용력이 있어 풍부한 애정으로 자식도 많고, 경제적으로 풍부해 유산을 남길 수 있습니다. 그러나 하부만 크게 발달된 사람은 운이 강해도 정에 약해 유혹

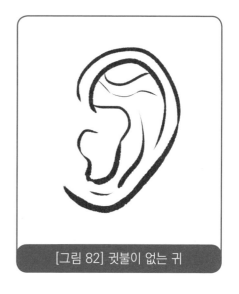

[그림 82] 귓불이 없는 귀

에 쉽게 넘어가기 때문에 이성관계에서 트러블이 많이 발생합니다. 또 귓불만 아래로 처진 사람은 성격이 야무지지 못합니다.

귓불이 없는 사람은 냉정하고 사물을 직감적으로 파악하는 예리함이 있지만 야박하기도 합니다. 또 성질이 급해 남의 말을 듣고 있는 듯해도 사실은 듣고 있지 않는 경우가 많습니다. 운동신경이 발달했으나 체력, 지구력이 약하고, 재능은 있지만 돈에 대해 구애받지 않기 때문에 모아둔 재산이 별로 없습니다.[그림82]

상부, 중부, 하부의 균형미가 좋은 귀가, 좋은 귀의 조건입니다.

3 귀가 큰 사람과 작은 사람

① 귀가 크면 장수한다

귀가 큰 사람은 지력(지혜) 재능이 뛰어나고 리드십이 있습니다. 마음이 풍요롭고 체력도 좋습니다. 또한 장수하는 사람이 많고 재운도 있습니다. 약간 신경질적이지만 신중하고 주변사람들의 의견에 귀를 잘 기울이며 상식적인 사람입니다. 그런데 귀가 크기만 할 뿐 얇은 사람은 체력이 좋지 않습니다. [그림83]

[그림 83] 큰 귀

② 귀가 작으면 공격적이다

귀가 작은 사람은 개성이 강하고 마음이 좁은 면이 있습니다. 대담하고 공격적이지만 성질이 급해 기분파이나, 경박한 부분도 있습니다. 또한 감정적이고 의지가 약하며 남의 말을 듣지 않는 단점이 있지만 작은 귀라도 단단하고 탄력이 있으면 용기와 담력이 있고 의지도 강합니다.[그림83-1]

[그림 83-1] 작은 귀

4 귀가 단단하고 두터운 사람과 말랑하고 얇은 사람

① 귀가 단단하고 두터우면 체력이 좋다

귀가 단단하고 두터운 사람은 체력이 좋고 건강합니다. 적극적인 성격이며 주체성이 있고 끈기가 강합니다. 또한 마음이 넓고 자기 방식대로 살아갑니다. 하지만 둔감한 면이 있고, 귀가 특히 단단한 사람은 협조심이 부족하고, 완고합니다.[그림84]

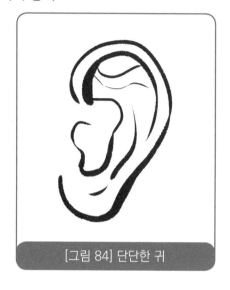

[그림 84] 단단한 귀

② 귀가 말랑하고 얇으면 재능이 많다

귀가 말랑하고 얇은 사람은 의지가 약하고 소극적인 성격입니다. 감수성이 예민하고 민감하며 신경질적인 면이 있지만 문학, 예술, 예능 등에 재능을 발휘는 지적인 일이 잘 맞습니다. 귀에 윤기가 있으면 친절하고 배려심이 있는 성격으로 다른 사람을 잘 보살핍니다.
[그림84-1]

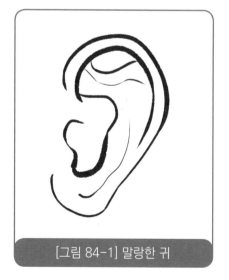

[그림 84-1] 말랑한 귀

5. 귓구멍이 큰 사람과 작은 사람

귓구멍(풍문(風門))의 표준크기는 자신의 새끼손가락이 들어가는 정도입니다[그림85].

① 귓구멍이 크면 원만한 성격이다
귓구멍이 큰 사람은 마음이 넓고 총명하며 지혜가 있고 원만한 성격입니다.

② 귓구멍이 작으면 겁이 많다
귓구멍이 작은 사람은 감수성이 예민하지만 겁이 많고 마음이 좁고, 눈앞의 일을 처리하는데 급급한 경향이 있습니다.

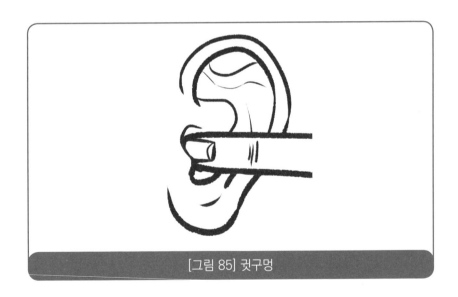

[그림 85] 귓구멍

※ 40세 이후에 귓구멍에서 나는 털은 장수의 징표이므로 뽑지 말 것.

6. 귀의 모양

① 토(土) 귀는 부동산이 많다

토귀는 귓불이 앞으로 돌출되어 있어 큰 귓불 위에 쌀을 몇 알 올릴 수 있을 듯한 귀입니다. 위치가 높고 살이 단단하고 두툼한 귀입니다. 이 귀를 가진 사람은 체력이 좋고 의지가 강하며 머리도 좋아, 명예, 돈을 얻을 수 있다. 특히 아파트, 주택, 땅 등 부동산을 소유할 수 있습니다.[그림86]

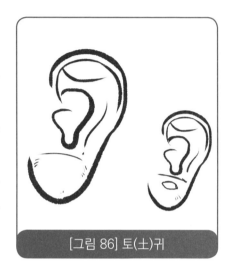

[그림 86] 토(土)귀

② 부채 귀는 지식욕이 왕성하다

부채 귀는 부채와 같이 크고 얇은 모양으로, 귓불이 없거나 작은 귀입니다. 이 귀를 가진 사람은 감수성이 예민하고 신경질적이지만 지식욕이 왕성합니다.

어렸을 때부터 부모님이 오냐오냐 하며 응석받이로 키워 아무 부족함 없이 자란 사람이 많으며 지위나 명예는 원하지만 돈에는 집착하지 않습니다. 하지만 부채귀라

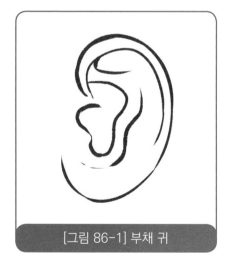

[그림 86-1] 부채 귀

도 귓불이 두텁고 크면 금전운도 따릅니다.[그림86-1]

③ 누운 귀는 아량이 있다

누운 귀는 말 그대로 귀가 뒤쪽, 즉 머리 쪽으로 누워 있는 귀로, 얼굴을 정면에서 보면 잘 보이지 않습니다.[그림86-2]

[그림 86-2] 누운 귀

이 귀를 가진 사람은 인내력, 지도력, 행동력, 직감력이 우수하고 용기가 있으며 아량도 큽니다. 머리, 체력, 재능이 좋아 무슨 일을 해도 성공하는 좋은 운을 가지고 있어 돈과 명예를 손에 넣을 수 있습니다. 다른 사람의 의견에도 귀를 잘 기울이지만 시기와 의심이 약간 많은 단점이 있습니다.

※ 레슬링선수 경우 후천적으로 운동으로 뒤집어진 귀와는 구분됩니다.

④ 주머니 귀는 주체성이 떨어진다

주머니 귀는 이곽이 없거나 없는 것과 다름없이 전체적으로 둥글게 보이는 두툼한 귀입니다. [86-3]

이 귀를 가진 사람은 소극적인 성격이며 주관이 부족해 다른 사람의 말에 영향을 잘 받습니다.

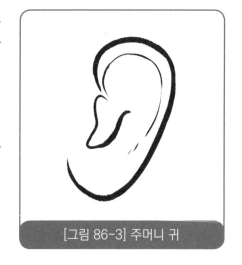

[그림 86-3] 주머니 귀

⑤ 삼각 귀는 지적이고 머리가 좋다.

삼각 귀는 귀의 상부가 넓고 크며 하부로 갈수록 좁아지는 역삼각형 모양으로, 귓불이 없거나 없는 것과 다름없는 귀입니다. [그림86-4]

이 귀를 가진 사람은 품위가 있고 지적이며 두뇌가 명석합니다. 물질적인 면보다 정신적인 면을 중요시 생각합니다. 인간관계는 그다지 능숙하지 않으며 금전적으로도 풍족하지 못 합니다.

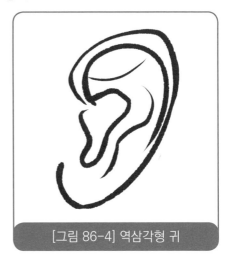

[그림 86-4] 역삼각형 귀

⑥ 둥근 귀는 협조심과 인망이 있다

둥근 귀는 살이 두툼한 지방형으로, 하부(귓불)가 발달된 둥근 귀입니다. 이곽이 선명하면 의지가 강하다고 봅니다.[그림86-5]

이 귀를 가진 사람은 온후하고 원만한 성격으로 협조심이 있으며 사교성도 좋아 만인의 인기를 얻는 타입입니다. 몸이 튼튼하고 행동적이기 때문에 금전적으로도 풍족합니다.

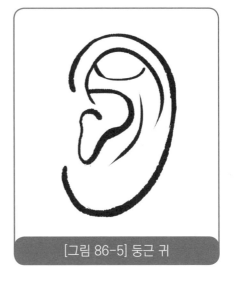

[그림 86-5] 둥근 귀

⑦ 사각 귀는 고집이 세고 자기 식대로 행동한다

사각 귀는 살이 단단한 사각형 모양의 근육질 귀입니다. 이곽이 밖으로 튀어나와 있고 단단하면 개성적이고 고집이 세며 의지력과 행동력이 뛰어납니다. 특히 운동선수들에게서 많이 볼 수 있는 귀입니다.[그림86-6]

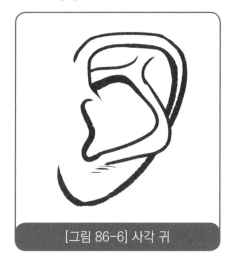

[그림 86-6] 사각 귀

이 귀를 가진 사람은 완고하고 억지스러운 면이 있으며 항상 자기 식대로 행동합니다. 인간관계에서 도 성격이 드러나 미움을 받기도하고 주변사람들과 잦은 마찰이 생깁니다.

觀相으로 본 人生 履歷書

額

이마가 넓으면 공짜를 좋아한다?

額

이마에 천(天) 인(人) 지(地)가 있는 자 천하를 갖는다

이마는 그 사람의 지성을 종합적으로 판단할 수 있는 환경, 성장에 대해 알 수 있습니다. 관상에서12궁 중 관록궁(官祿宮)해당하며 윗사람의 지원, 조직에서의 직위, 출세 등 동반되는 금전 운 등을 관찰하는 동시에 성공여부를 파악할 수 있는 부분입니다.

이마는 머리카락이 시작되는 부분부터 눈썹 위까지는 가리키며 손가락이 3개 들어가는 정도가 표준입니다[그림87]. 이마가 옆으로 넓은 사람은 시야가 넓고, 옆이 좁은 사람은 시야가 좁은 경향이 있습니다. 이마가 세로로 넓은 사람은 느긋하고 태평한 성격이며, 세로로 좁은 사람은 성질이 급하고 인간관계가 서툽니다[그림88].

이마가 지나치게 넓은 사람은 이기적이지만 다정다감하며, 지나치게 좁은 사람은 소심하고 냉정하며 투쟁심이 강한 본능적인 성격으로 자신을 억제하는 능력이 부족합니다. 좋은 이마는 넓고 혈색이 좋으며 구부러진 주름이나 죽은 점이 없는 이마를 말합니다. 볼록한 뼈를 살이 두툼하게 감싸 조금 튀어나온 것처럼 보이는 이마는 총명함을 나타냅니다.

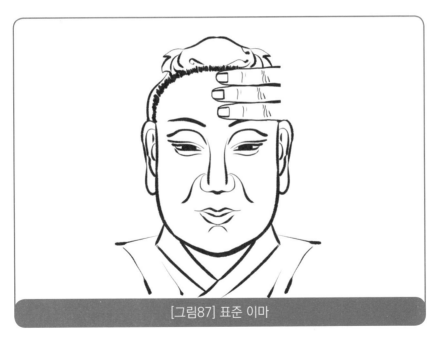

[그림87] 표준 이마

※ 이마가 넓으면 공짜를 좋아한다 말은 관록궁(官祿宮)이 좋은 사람을 지칭하는 이야기로 높은 지위에 있어, 대접만 받다 보니 생긴 이야기인 것 같습니다.

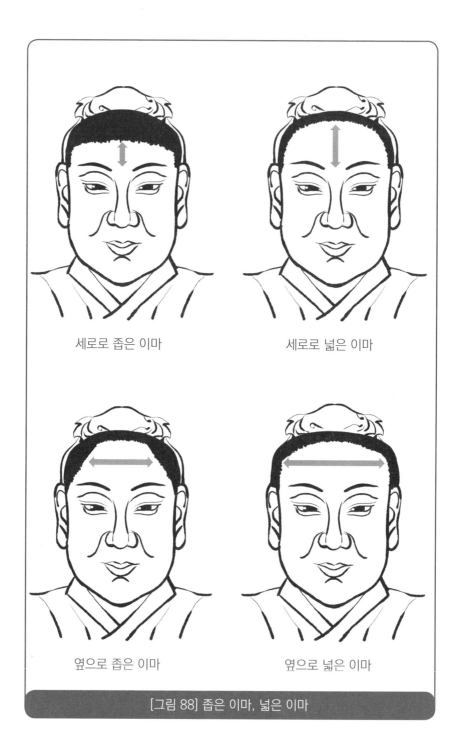

세로로 좁은 이마   세로로 넓은 이마

옆으로 좁은 이마   옆으로 넓은 이마

[그림 88] 좁은 이마, 넓은 이마

1. 이마를 삼등분하면 추리력, 기억력, 직감력을 알 수 있다

이마는 그림과 같이 상부, 중부, 하부로 삼등분할 수 있습니다.[그림89] 상부는 천중(天中)이라고 하며 이 부분이 볼록한 사람은 추리력이 특히 우수하고 예지능력이 잇습니다. 창의력, 상상력, 반응력도 발달되었으며 선악에 대한 판단력도 있습니다.

중부는 관록(官祿)이라고 하며(이마 전체를 가리키는 경우도 있지만 특별히 이 부분을 가리키는 경우가 많다) 이 부분이 볼록한 사람은 기억력, 판단력이 뛰어나고 책임감과 상식이 있으며 계획적입니다. 출세 지향적인 타입으로 연봉(年俸)도 많아 금전적으로 안정됩니다.

하부는 천창(天倉)이라고 하며 직감력을 나타냅니다. 이 부분이 볼록한 사람은 관찰력, 결단력이 뛰어나고 숫자에 강한 것이 특징입니다. 합리적이고 현실적인 성격에다 집중력도 있어 금전적으로 풍족합니다.

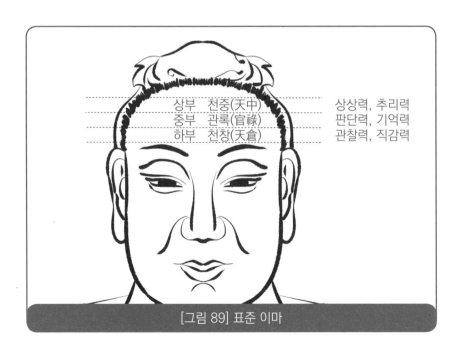

상부　천중(天中)　　상상력, 추리력
중부　관록(官祿)　　판단력, 기억력
하부　천창(天倉)　　관찰력, 직감력

[그림 89] 표준 이마

2. 이마 주름으로 인생의 안정도를 본다

이마에 주름 세 줄이 가로로 평행하고 뚜렷하게 있는 사람은 찾아보기 힘들지만, 이 주름을 절조선(節條線)이라고 합니다. 절조선 세 줄이 뚜렷하게 있는 사람의 특징은 현실적이지만 성실하고 꼼꼼한 성격입니다. 또한 희망이 넘치는 인생으로 생활도 안정적입니다. 또한 이 주름의 양끝이 위를 향하면 적극적인 성격, 아래를 향하면 소극적인 성격입니다.[그림90]

40세가 지났음에도 이마에 주름이 하나도 없는 사람은 매우 운이 강하거나 인간관계가 상당히 좋은 상태입니다. 또는 매우 원만한 인품으로 모두에게 사랑받으며 고생이 없는 사람이거나 타고난 낙천주의자로 삶을 즐기고 있거나, 진취적인 기질이 지나치게 강해 가정은 신경 쓰지 않고 주위 사람들과의관계, 사회생활만 열심하는 사람으로 생각됩니다. 반대로 20세 정도부터 이마에 주름이 있는 사람은 사고방식이 견실하고 확실하거나 쓸데없는 걱정이 조금 많은 성격입니다.

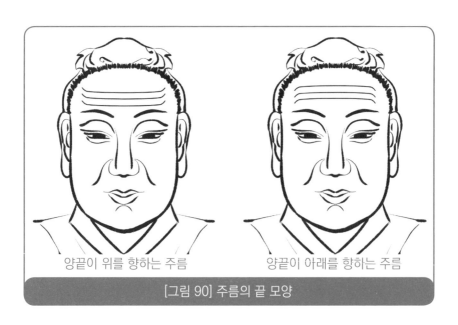

양끝이 위를 향하는 주름   양끝이 아래를 향하는 주름

[그림 90] 주름의 끝 모양

이마에 3줄의 주름을 최고로 치며, 각 주름에는 의미가 있습니다.

제일 위에 있는 주름을 천문(天紋)이라고 하며 부모, 손윗사람, 상사와의 관계와 지력을 볼 수 있습니다. 이 천문이 옆으로 깨끗하게 일직선으로 그어져 있으면 좋은 회사에 취직할 수 있으며 인간관계도 원활해 윗사람의 도움을 받아 빠르고 편하게 승진의 기회를 잡을 수 있습니다.
가운데 주름은 인문(人紋)이라고 하며 건강상태, 능력, 실행력, 의지력을 봅니다. 인문 하나만 있고, 다른 주름이 없는 사람은 주위의 도움을 얻지 못하고 자력으로 인생을 개척하는 타입입니다.
밑에 있는 주름은 지문(地紋)이라고 하며 아랫사람의 협조, 정과 관련된 부분을 볼 수 있습니다. 지문이 확실하게 있는 사람은 다른 사람을 잘 돌보기 때문에 부하나 아랫사람들로부터 존경받으며 협조를 얻을 수 있습니다.[그림91]

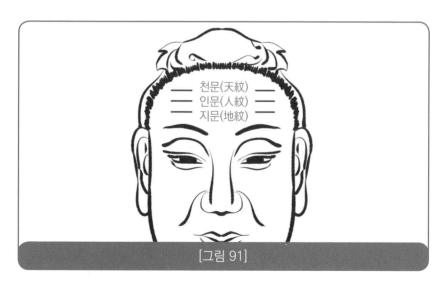

[그림 91]

※ 남자의 경우 성공을 위해 ○○○ 전 대통령 경우 천(天)인(人) 지(地) 주름성형을 하였다는 일화가 있습니다.

3. 이마의 모양

① 각진 이마는 고집이 세고 실행력이 있다

남자 이마를 각진 이마라고도 하며 밝고 적극적이며 행동적이지만 완고한 면이 있습니다. 현실적이고 상황 판단이 빨라 기민하게 대응할 수 있으며 실무처리능력이 뛰어납니다.[그림92]

각진 이마의 특징인 현무(玄武)(눈썹꼬리 위쪽)가 확실히 있는 사람은 머리가 좋고 의지가 강하며 행동력도 있습니다. 여성이 남자 이마인 경우, 커리어우먼으로 고집이 세고 총명하며 실행력이 넘칩니다.

[그림 92] 각진 이마

② 꼭지형 이마는 솔직하고 인내심이 강하다

꼭지형 이마인 여성은 협조심이 있고 솔직하며 마음이 따뜻하고 세심한 여성스러운 사람입니다.[그림 93] 꼭지형 이마인 남성은 보기에도 약간 허약한 느낌을 받을 수 있으며 항상 조심스럽고 소극적이며 신경질적인 성격입니다. 하지만 노력파이고 인내심이 강합니다. 인성은 좋기 때문에 회사, 조직에서 리더보다는 스텝, 참모 쪽이 어울립니다.

[그림 93] 꼭지형 이마

③ M자형 이마는 독창적인 생각을 한다

M자 이마는 양쪽 모서리가 M자처럼 약간 벗어진 이마를 말합니다.[그림94]

이 이마를 가진 사람은 상상력이 풍부하고 다른 사람이 생각하지 못하는 독창적인 발상의 소유자입니다. 두뇌가 명석하고 집중력도 뛰어납니다. 하지만 완고하고 독선적이 면이 있으며 남의 의견을 잘 들으려고 하지 않는 단점이 있습니다. 이론적이고 센 성격이지만 약

[그림 94] M자형 이마

자를 배려하는 사람입니다. 그리고 체력도 좋아 운동을 잘합니다. 예술, 문학, 음악, 기획 등의 분야에서도 재능을 크게 발휘할 수 있습니다.

④ 돌출형 이마는 활동적이고 생활의 지혜가 있다

돌출형 이마는 이마의 중앙이 동그랗게 튀어나온 이마를 말합니다.[그림95] 이 이마를 가진 사람은 개성이 풍부하고 재능이 있으며 날카로운 직감력을 가지고 있고 기억력이 특히 뛰어납니다. 활동적이고 살아가는 데 필요한 생활의 지혜를 갖추고 있습니다. 사교성, 협조심이 있어 사람들에게 인기가 입니다. 하지만 질투심이 조금 강한 것이 단점입니다.

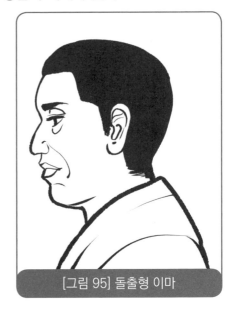

[그림 95] 돌출형 이마

⑤ 여자 이마는 성실하고 노력가이다

여자 이마는 머리카락이 난 부위가 동그란 이마로, 여성에게 많습니다.[그림96]

이 이마를 가진 사람은 성실한 노력가입니다. 일을 잘하고 금전감각도 뛰어나 돈을 많이 모을 수 있습니다. 남자가 여자 이마인 경우, 여성스럽고 친절하며 온화한 성격입니다. 성실하고 인품도 좋습니다.

[그림 96] 여자 이마

觀相으로 본 人生 履歷書

제 8 장

頤

턱이 넓고 살집이 있어야 말년이 좋다

頤

하관이 좋으면 아랫사람 많이 따르고 말년운이 좋다

> 턱은 얼굴을 삼등분한 때의 하정에 해당하며 일반적으로는 얼굴의 아래부분을 가리키지만 귀 밑 부분인 새골(鰓骨)과 턱의 중앙 부분인 아래턱 부분을 포함한 것으로, 턱의 골격과 살집 등으로 의지력, 결단력, 지구력, 포용력, 지도력, 성실성 등 내면적인 부분과 토지, 가옥을 포함한 부동산운, 건강운, 가정운, 애정운, 부하운, 그리고 60대 이후의 말년운 등을 종합적으로 봅니다.

하관은 그 사람의 고집과 의지를 나타냅니다. 좌우로 하관이 넓은 사람은 고집이 셀 뿐만 아니라 대담하게 행동하고 본능적 욕구가 강합니다. 또 이 타입은 자신의 생각의 틀에 박혀 다른 사람의견을 진심으로 들으려고 하지 않는 면이 있습니다. 집념이 강한 것도 특징입니다.

반면, 하관이 없거나 하관이 넓지 않은 사람은 의지가 약해 타인의 생각에 영향을 잘 받고 자신의 감정에도 잘 휘둘립니다.

좋은 턱은 살집이 적절하게 있고 탄탄하며 골격이 다부진 턱입니다. 이러한 턱을 가진 사람은 포용력이 있고 의지가 강합니다. 그리고 부동산, 건강, 애정, 아랫사람 등 모두 운이 좋습니다.

하지만 턱살이 탄탄하지 않은 사람은 지구력이 없습니다. 얼굴을 전체적으로 볼 때 턱(하정)만 발달된 사람은 고집이 세며 심보가 고약한 면이 있습니다.

턱 자체에 살이 없고 하관만 두드러지게 넓은 사람은 고집이 세며, 반항적이고 자신밖에 생각하지 않는 이기적인 성격입니다. 또한 턱이 넓고 두툼한 사람은 넓은 땅과 큰 집을 가질 수 있습니다. 반대로 턱이 작은 사람은 작은 집에 살 가능성이 높으며, 만약 큰 집에 살더라도 집 안에 물건이 넘쳐흘러 결과적으로 좁은 집에 사는것과 다름이 없습니다.[그림97]

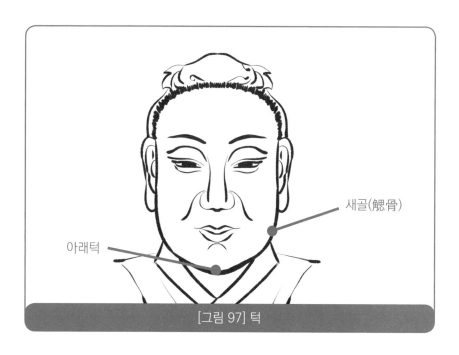

새골(鰓骨)

아래턱

[그림 97] 턱

1. 턱이 넓은 사람과 뾰족한 사람,
턱이 없는 것처럼 보이는 사람

① 턱이 없으면 주관이 부족하고 의지가 약하다

턱이 없는 것처럼 보이는 사람은 주관이 부족하고 의지도 약하기 때문에 그때 그때의 흐름에 맡기며 되는대로 살아갑니다. 이성의 유혹에도 약해 금방 상대가 말하는 것에 따라 불평 불만이 끊이지 않습니다.

성격이 야무지지 못하고 항상 자신의 감정이 향하는 대로 몸을 맡기기 때문에 타인에게 폐를 끼치는 경우가 많습니다

② 턱이 넓으면 애정이 많고 포용력이 있다

턱이 넓은 사람은 적극성이 있고 현실적이며 남성적입니다. 의지가 강하고 도량이 있으며 마음이 넓은 타입입니다. 애정이 풍부하고 포용력, 리더십이 있으며 성실합니다. 특히, 실무처리능력이 뛰어납니다.[그림98]

[그림 98] 넓은 턱

③ 턱이 뾰족하면 감수성이 예민하고 선견지명이 있다

턱이 뾰족한 사람은 감수성이 예민하고 신경질적이며 소극적입니다. 감정적이며 마음이 좁아 조직, 단체생활에서 협조심이 부족하고 이기적이며 냉정한 면이 있습니다. 정신적으로 성숙하지 못해 남에게 의존하는 경향이 강하며 허세도 좀 있습니다.[그림99]

하지만 지적이고 취미가 많아 문학, 미술, 음악, 예능, IT 관련 분야 등에서 재능을 발휘합니다. 시대를 꿰뚫어보는 선견지명이 있지만, 역마살이 있어 집, 직장이 자주 바뀝니다.

[그림 99] 뾰족한 턱

2. 턱이 긴 사람과 짧은 사람

① 턱이 길면 다른 사람을 배려할 줄 압니다.

턱이 긴 사람은 성격이 온후하고 품성, 인간성이 좋습니다. 다른 사람을 배려할 줄 알며, 주변사람을 잘 돌보지만 정에 얽매이는 타입입니다. 또 까불거리고 경박한 면이 있습니다.[그림100]

[그림 100] 긴 턱

② 턱이 짧으면 조심성이 많다

턱이 짧은 사람은 조심성이 많고 시기, 의심하는 마음이 강해 남을 잘 믿으려고 하지 않으며, 이기적이고 제멋 대로입니다. 취미는 다양하지만 쉽게 질리고 인내력이 부족해 넓고 얕게 즐기는 스타일입니다.[그림101]

[그림 101] 짧은 턱

3. 주걱 턱과 무(無)턱

① 주걱 턱은 낙천적이다

턱이 앞으로 나와 있는 주걱턱 일명 3월(月) 턱인 사람은 개성이 강하고 열정적입니다.

낙천적인 성격으로 무엇에도 구애 받지 않는 편안한 성격이지만 의 지가 강하고 결단력, 실행력이 뛰 어나며 재능과 체력이 좋습니다. 일하는 것을 좋아하고 성실 근면 해 직업적으로는 분명히 성공하는 타입입니다. 하지만 사물의 본질

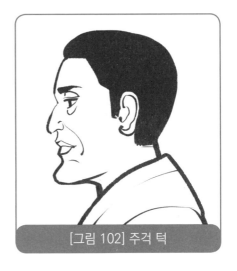

[그림 102] 주걱 턱

을 꿰뚫어 보며 가식없이 솔직하게 말하는 탓에 직장동료, 친구를 적을 만 들곤 합니다.[그림102]

② 무(無) 턱은 걱정이 많다

주걱턱과 반대로 턱이 안으로 들어간 무(無)턱인 사람은 쓸데없 는 걱정을 많이 합니다.

소극적이며 패기가 없고 차가운 면 이 있습니다. 생명력이 약하고 의 욕도 없어 생활력이 부족합니다. [그림103]

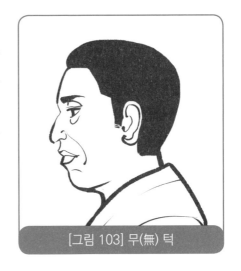

[그림 103] 무(無) 턱

4. 턱에 살이 있는 사람과 없는 사람

① 턱살이 두툼하면 결단력이 있다

두툼한 턱은 옆에서 볼 때 뼈에 살이 두툼하게 붙어 있는 턱을 말합니다. 이 턱을 가진 사람은 애정이 풍부하고 결단력이 뛰어납니다. 의지가 강하고 포용력도 있어 아랫 직원으로부터 존경을 받습니다. 부동산운이 매우 좋고 말년에는 손자에게 둘러싸인 행복한 여생을 보낼 수 있습니다.[그림104]

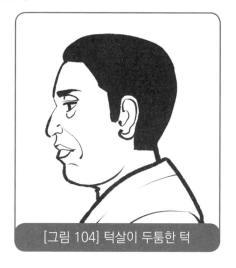

[그림 104] 턱살이 두툼한 턱

② 턱살이 없으면 성격이 비뚤다.

살이 없는 턱은 옆에서 볼 때 뼈가 두드러지고 살이 없는 턱을 말합니다. 이 턱을 가진 사람은 지적이지만 주체성이 없습니다. 타인의 표정을 보고 행동하기 때문에 남에게 휘둘리는 경향이 강합니다. 신경질적이고 이기적인 성격이며 애정도 많지 않습니다. 또 성격이 삐뚤어지고 고집을 부리는 면 때문에 인간관계에도 영향을 미치고, 모아둔 돈도 그다지 많지 않아 말년에 고독해질 가능성이 높습니다.[그림105]

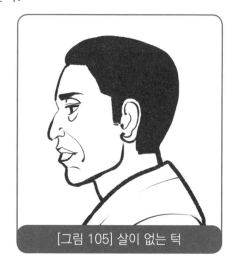

[그림 105] 살이 없는 턱

5. 한가운데가 갈라진 턱(턱 보조개)

턱 한가운데가 움푹 들어가 갈라진 사람은 감수성이 예민하고 신경질적이지만 열정적이며 금방 감동하는 타입입니다. 집중력이 있고 자기 억제력과 강한 의지력으로 모든 것을 구현하며 자신의 생각을 예술로 승화시킵니다. 특히 창의적인 분야에서 재능을 발휘합니다.[그림106]

[그림106] 한가운데가 갈라진

턱 존 트레볼타John Travolta

※ 할리우드 남자배우 중 토요일 밤의 열기〈Saturday Night Fever〉주연을 맡은 존 트레볼타John Travolta가 대표적인 '갈라진 턱(턱 보조개)'이 트레이드 마크인 할리우드 스타입니다.

6. 턱의 모양

① 둥근 턱은 포용력과 신뢰성이 있다

둥근 턱은 지방이 뼈에 붙어 살집이 많아 둥글게 보이는 턱을 말합니다. 이 턱을 가진 사람은 마음이 넓고 다른 사람은 배려할 줄 알며 있으며 성격이 원만합니다. 그리고 여유롭고 침착한 분위기를 연출합니다. 포용력이 있으며 약한 사람을 잘 돌보고, 인망도 두터워 사람들의 신뢰를 얻을 수 있습니다. 직장에서 일도 열심히 하고 가정이나 자식운도 좋아 무난한 삶을 살수 있는 사람입니다.[그림107]

[그림 107] 둥근 턱

② 사각 턱은 현실적이고 근성이 있다

사각 턱은 골격이 크고 사각형 모양으로 벌어져 있으며 살이 탄탄한 근골형의 턱을 말합니다. 이 턱을 가진 사람은 체력이 좋고 의지가 강하며 인내력도 있어 목표나 목적이 정해지면 끝까지 해내는 노력가입니다. 합리적인고 현실적인 반면 완고하고 이치를 따지기 좋아하며 지기 싫어합니다. 그리고 주변 사람들에 대해 둔감한 면이 있습니다.[그림108]

[그림 108] 사각 턱

③ 뾰족한 턱은 진지하고 치밀하다

뾰족한 턱은 골격이 작고 지방과 근육이 별로 없는 날씬한 턱을 말합니다. 이 턱을 가진 사람은 항상 냉정하고 진지한 성격이지만 인간관계는 그다지 좋지 않습니다. 이기적이고 남에게 의존하려는 마음이 강해 실행력이 없습니다. 계산에 강하고 지식욕이 왕성해 머리를 쓰는 일에 적합합니다. 금전보다 지위나 명예에 관심이 있는 스타일입니다.[그림109]

[그림109] 뾰족한 턱

③ 이중 턱은 금전운과 건강운이 좋다

여기에서 말하는 이중 턱은 이중 턱 중에서도 살이 탄탄한 턱을 말합니다. 이 턱을 가진 사람은 애정이 풍부하고 포용력이 있습니다. 인덕이 있고 사교성도 뛰어나 인간관계, 금전, 건강운이 모두 좋습니다.[그림110]

[그림110] 이중 턱

제 9 장

眉

마시오상(馬氏五常) 중
백미(白眉)가 최량(最良)이라

마음이 혼란스러우면 눈썹도 흐트러지고, 마음이 안정되고 풍요로우면
눈썹이 윤택이 나고 부드럽게 정돈이 된다

백미(白眉)는 흰 눈썹이라 뜻으로 삼국지에 나오는 촉나라의 제갈공명
(諸葛孔明)과도 친교를 맺었던 마량(馬良)에게 형제가 다섯이었는데, 형
제가 모두 재주가 뛰어났다. 그 중에서도 마량이 가장 뛰어나 사람들은
말하기를 "마씨 다섯 형제 중 흰 눈썹이 가장 훌륭하다(馬氏五常 白眉最
良)"라고 하여 '백미(白眉)'라는 말에서 유래되었다고 합니다.

또 우리가 알고 있는 사자성어 중 '읍참마속(泣斬馬謖)'도 제갈공명이
군령을 어기어 가정(街亭) 싸움에서 패한 마량의 형제 중 마속(馬謖)을 눈
물을 머금고 참형에 처하였다는 데서 유래하였다고 합니다.

관상에서는 눈썹의 모양, 색, 윤기 등으로 그 사람의 품성, 성격, 지력(특히 계산능력, 문장력, 표현력), 미적감각, 인간관계(친척, 형제, 친구), 건강, 수명 등을 관찰하는 곳입니다.

십이궁에서는 눈썹을 형제궁(兄弟宮)이라고 하며 형제와의 인연을 볼 수 있습니다.

눈썹 길이가 적절하고 모양이 가지런하며 색이나 결이 고르면 형제 사이가 우애가 좋습니다.

반대로 눈썹이 눈 너비보다 많이 길거나 눈썹 털이 적고 짧으면 형제 사이가 우애가 좋지 않거나 인연이 약하다고 봅니다. 또 문장궁(文章宮)으로도 불리는 이유는 문장을 쓰는 능력, 예술적인 재능이 눈썹에 나타나기 때문입니다. 눈썹 길이는 눈 너비보다 조금 긴 정도가 표준입니다. [그림111]

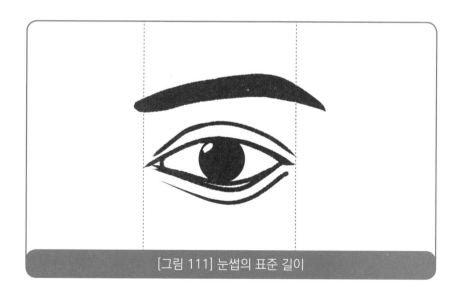

[그림 111] 눈썹의 표준 길이

이상적인 눈썹의 조건은 눈썹뼈가 높고 모양이 가지런하며 부드럽고 윤기 있는 검은 색을 띄는 것입니다. 눈썹 두께는 앞머리가 두텁고 꼬리부분으로 갈수록 점점 가늘어져야 좋습니다.

지나치게 진하지도 연하지도 않고 앞머리부터 꼬리부분까지 털이 가지런하게 자라 있는 눈썹이 좋은 눈썹입니다. 눈썹에 상처나 죽은 점이 없고 좌우 눈썹의 높이가 수평을 이루며 눈썹 머리와 꼬리의 높이가 같으면 더욱 좋습니다.

이런 눈썹을 가진 사람은 솔직하고 정이 많습니다. 미적감각, 지력이 뛰어나고 품성이 좋으며 총명합니다. 또 눈썹 털에 긴 털이 나면 장수합니다. 눈썹은 머리를 쓰면 쓸수록 윤기가 생기며 얇고 부드럽게 모양이 정돈됩니다. 눈썹이 두껍고 진할수록 머리보다 몸을 쓰는 운동이나 직업을 선택해야 자신의 장점을 살릴 수 있습니다.

눈썹 털이 흐트러지거나 역모인 사람은 완고하고 조잡한 성격이며 이해력이 부족합니다. 남의 말을 듣지 않거나 이해하려고 하지 않으며 인간관계가 서툰 사람입니다. 눈썹이 중간에 끊어진 사람은 도덕관념이 결여되어 독선적이고 편협한 성격입니다.

1. 눈썹이 짙은 사람과 옅은 사람

① 눈썹이 짙으면 욕망이 강하고 집착이 강하다

눈썹이 짙은 사람은 적극적이고 감정에 휩쓸리지 않는 이성과 강한 의지를 가지고 있습니다. 본능적인 욕망이 다른 사람에 비해 배로 강하며 일, 사랑 등 모든 것에 대한 집착이 강합니다. 눈썹이 특히 길고 두터우며 짙은 사람은 의지가 강하고 기량도 다른 사람보다 우월하지만, 진지한 탓에 인생을 즐기는 마음과 여유가 없습니다. 완고하고

[그림 112] 짙은 눈썹

독선적이기 때문에 인간관계에서 트러블이 끊이지 않습니다.[그림112]

② 눈썹이 옅으면 요령이 좋고 감정적이다

눈썹이 옅은 사람은 육친이나 형제와 우애도 없으며 인연도 약하고 애정도 별로 없습니다. 인간관계가 좁으며, 친구도 많지 않습니다. 또한 이기적인 성격이며 상대의 틈을 보고 꾀를 부리는 요령이 좋습니다. 리드십은 그다지 없으며 감정적이며, 생명력이 부족합니다. 눈썹이 거의 없는 사람은 속임수에 능하고 고독한 성격입니다.

[그림 113] 옅은 눈썹

하지만 눈썹이 옅은 여성은 적극적으로 일을 하며 활동을 할 수 있는 커리어우먼 될 수 있습니다.[그림113]

2. 눈썹이 긴 사람과 짧은 사람

① 눈썹이 길면 느긋하고 마음이 풍요롭다

눈썹이 긴 사람은 느긋하고 태평한 성격입니다. 도량이 넓고 타인의 이야기를 잘 들으며 협조심과 사교성이 있습니다.[그림114]

마음이 풍요롭고 따뜻하며 세심하고 배려심이 있어 육친이나 형제, 친구가 많고 정신적, 경제적으로 주위 사람들의 응원과 도움을 받을 수 있으며, 생명력이 넘칩니다.

[그림 114] 긴 눈썹

② 눈썹이 짧으면 성질이 급하고 편협하다

눈썹이 짧은 사람은 성질이 급하고 성격, 재능에 치우침이 있는 편협한 사람이 많습니다. 지구력, 인내력이 떨어지고 정이 없으며 이기적인 성격입니다. 금전이나 물질에 대한 집착만 강하기 때문에 육친, 형제, 친구의 도움을 받지 못하고 고독하게 살아갑니다. 특히 눈썹이 진하고 짧은 사람은 기질이 과격하며, 눈썹이 연하고 짧은 사람은 부모님과 떨어져 지내게 되거나 육친과의 인연이 멉니다.[그림115]

[그림 115] 짧은 눈썹

3. 눈썹이 굵은 사람과 가는 사람

① 눈썹이 굵으면 남성적인 성격

눈썹이 굵은 사람은 남성적인 성격으로 결단력, 실행력이 뛰어나고 적극적입니다. 하지만 행동이 앞서고 생각이 부족한 면이 있습니다. 부모나 형제의 도움을 받을 수 있지만 억지스러운 면이 있어 주변사람들에게 폐를 끼치는 타입입니다.[그림116]

[그림 116] 굵은 눈썹

② 눈썹이 가늘면 여성적인 성격

눈썹이 가는 사람은 여성적인 성격으로 만사에 소극적이고 조심성이 많으며 우유부단한 면이 있습니다. 보수적이고 인간관계가 좁으며 부모나 형제의 도움도 기대할 수 없습니다.[그림117]

[그림 117]

4. 반달 눈썹과 일자 눈썹

① 눈썹이 곡선(반달)이면 사고가 유연하다

눈썹이 반달모양의 곡선인 사람은 사고가 유연하고, 문제나 사물을 여러 각도에서 파악할 수 있는 능력이 있습니다. 또한 지식이 풍부하고 지혜가 있어 총명한 사람이 많습니다. 원만하고 여성적인 성격입니다.[그림118]

[그림 118] 반달 눈썹

② 눈썹이 직선(일자)이면 고집이 세고 완고하다

눈썹이 일자모양의 직선인 사람은 직선적이고 단순하고 융통성이 부족합니다. 또 완고하고 아집이 있고, 남성적이며 결단력이 있습니다. 그리고 주변사람이 금방 쉽게 알 수 있는 성격입니다.
[그림119]

[그림 119] 일자 눈썹

5. 눈썹꼬리가 올라간 사람과 내려간 사람

① 눈썹꼬리가 위로 올라가면 기질이 과격하다

눈썹꼬리가 올라간 사람은 적극적인 성격으로 기질이 과격하고 지기를 싫어합니다. 합리적인 행동과 사고력을 바탕으로 한 결단력이 있으며 숫자에 굉장히 강한 면이 있습니다. 그리고 눈썹꼬리가 극단적으로 위로 올라간 사람은 의지가 강하고 실행력이 있습니다.[그림120]

[그림 120] 올라간 눈썹꼬리

② 눈썹꼬리가 아래로 내려가면 인성이 좋다

눈썹꼬리가 내려간 사람은 소극적인 성격이지만 인성이 좋고 남과 다투기를 싫어하는 평화주의자입니다. 또 약자를 배려하고, 주변을 잘 살피는 스타일이기 때문에 인기가 있습니다. 속이 태평해서인 장수하는 사람이 많습니다. [그림121]

[그림121] 내려간 눈썹꼬리

6. 눈썹머리와 눈썹꼬리가 가지런한 사람

① 눈썹머리가 가지런하면 형제가 힘이 된다

눈썹머리가 깨끗하게 정돈된 사람은 용기, 협조심, 인내심을 겸비하고 있으며 어려울 때 육친이나 형제, 친구의 도움을 받을 수 있습니다.[그림122]

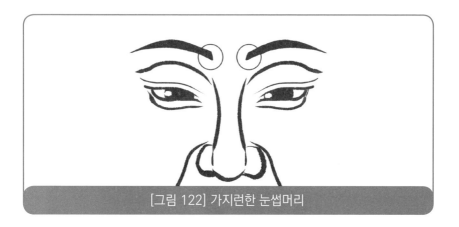
[그림 122] 가지런한 눈썹머리

눈썹머리가 흐트러진 사람은 고민이 많고 정신적으로 불안정합니다. 눈썹머리의 털이 말려 있는 사람은 종종 지인들과 언쟁을 하는 성격입니다.
[그림123]

[그림 123] 흐트러진 눈썹머리

② 눈썹꼬리가 가지런하면 감성이 풍부하다

눈썹 털이 가늘고 윤기가 있으며 눈썹꼬리가 깨끗하게 정돈된 사람은 감성이 풍부하고 미적감각이 다른 사람보다 예리하고 예술적 재능이 뛰어납니다. 또 문장력도 있습니다.[그림124]

[그림 124] 가지런한 눈썹꼬리

눈썹꼬리의 털이 사방으로 퍼져 있는 사람은 재물이 흩어짐을 의미함으로 돈이 모이지 않습니다.[그림125]

[그림 125] 흐트러진 눈썹꼬리

7 눈썹 각 부분의 의미

눈썹머리부터 눈썹꼬리 까지를 사등분해 각 부분이 나타내는 의미를 설명하겠습니다[그림126].

① 눈썹 털 A

눈썹머리의 A 부분에 털이 집중적으로 많은 사람은 사물의 형태를 확인하거나 무게를 직감적으로 파악하는 능력을 가지고 있습니다.

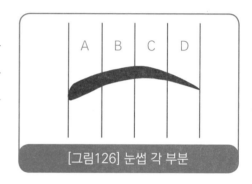

[그림126] 눈썹 각 부분

② 눈썹 털 B

눈썹의 중앙에서 눈썹머리에 가까운 B 부분의 털이 짙은 사람은 미적감각이 뛰어나며, 특히 색이나 형태에 대한 감수성이 예민하여 예술적인 재능이 있습니다.

③ 눈썹 털 C

눈썹 중앙에서 눈썹꼬리에 가까운 C 부분의 털이 많고 짙은 사람은 도덕, 법률 등 사회적 규칙을 중시하는 경향이 강합니다.

④ 눈썹 털 D

눈썹꼬리 부분인 D에 털이 많고 짙은 사람은 합리적인 타입으로 숫자나 계산에 강해 경제관념, 금전감각이 뛰어납니다.

8 눈썹의 모양

① 일자미(一字眉), 일자 눈썹은 외골수 기질이 있다

[그림 127] 일자미(一字眉)

일자 눈썹은 눈썹 털이 '한 일 (一)' 모양과 같이 진하고 가지런하며 부드럽고 긴 눈썹을 말합니다. 이 눈썹을 가진 사람은 남성적이고 외골수 기질이 있으며 용기가 있고 의지가 강할 뿐만 아니라 결단력과 실행력을 가지고 있습니다. 하지만 이기적이고 배려심이 부족하고 정

서가 메말라 다른 사람의 마음을 이해하지 못하는 면이 있습니다. 여자의 경우 이치를 따지기 좋아하고 합리적인 성격으로 두뇌회전이 빠릅니다. 운동 신경이 좋아 몸도 잘 쓰지만 공격적인 성격으로 경쟁심이 강하며 여성스러움이 부족합니다. 또 마음에 여유가 별로 없어 인생을 즐기지 못합니다.[그림127]

② 유엽미(柳葉眉), 구부러진 눈썹은 이지적이고 미적감각이 있다

[그림 127-1] 유엽미(柳葉眉)

유미는 유엽미(柳葉眉)라고도 하며 버드나무 잎과 모양이 비슷한 가늘고 구부러진 눈썹입니다. 특히 여자에게 많으며, 이 눈썹을 가진 여자는 이지적이고 글재주가 있습니다. 정조관념이 강하고 솔직한 성격이지만 사람에게 속임을 당하기 쉽습니다. 남자의 경우 친절하

고 남에게 의존하는 경향이 강하며 인내심이 없습니다.[그림127-1]

③ 신월미(新月眉), 초승달 눈썹은 마음이 맑고 순수하다

음력 초사흗날(매월 3일)에 나타나는 초승달 모양의 눈썹을 신월미(新月眉), 여미(女眉)라고도 말합니다.[그림127-2] 눈썹머리에서 눈썹꼬리까지 곡선을 그리고 털이 가지런한 여성적이고 긴 눈썹입니다. 이 눈썹을 가진 사람은 마음이 맑고 순수하며 착합니다.

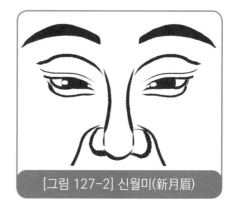

[그림 127-2] 신월미(新月眉)

감수성이 예민하고 정이 깊으며 순응하고 인품도 좋습니다. 사교성이 있고 사람들을 즐겁게 해주는 재능이 있는 사람입니다. 소극적이고 실행력이 조금 부족하지만 남자, 지인의 도움으로 운이 자연스레 열리는 타입입니다.

④ 사미(絲眉) 실 눈썹은 예술 방면에 재능이 있다.

이 눈썹에 윤기가 있는 사람은 직감이 날카롭고 지성적입니다. 문학, 미술, 음악 등의 방면에서 재능을 발휘해 명예와 지위도 얻을 수 있습니다. 신월미(新月眉)보다 가는 눈썹을 실 눈썹, 사미(絲眉)라고 합니다. 이 눈썹을 가진 사람은 의지가 약해 성적인 유혹에 주의해야 합니다.[그림127-3]

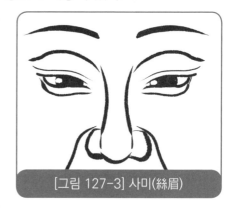

[그림 127-3] 사미(絲眉)

⑤ 팔자미(八字眉), 팔(八)모양의 눈썹은 유쾌하다

팔자미는 좌우 눈썹이 '여덟 팔 (八)' 모양으로 눈썹꼬리가 굵고 아래로 내려간 눈썹입니다. [그림 127-4] 눈썹머리보다 눈썹꼬리의 털이 짙은 것이 특징입니다. 이 눈 썹을 가진 사람은 마음이 넓고 그 릇이 큽니다. 쾌활하고 즐거운 성 격이지만 사려 깊지 못하고 일 처

[그림 127-4] 팔자미(八字眉)

리가 엉성한 면이 있습니다. 까불거리고 요령이 좋으며 처세에 능하고 돈에 도 인색하지 않습니다. 하지만 부침이 많은 인생입니다. 신중하게, 그리고 꾸준하게 살아가는 것이 중요합니다. 이 눈썹을 가진 여자는 몸이 약한 사 람이 많아 인생을 즐기지 못합니다.

⑥ 산(山) 모양 눈썹은 장인 기질

산 모양 눈썹은 눈썹이 산 모양 인 눈썹을 말합니다.[그림127-5] 이 눈썹은 한 가지 재주가 뛰어난 장인 기질의 남성에게 많습니다. 성격은 열정적이고 자존심이 강하 며 대담하고 실행력이 있습니다. 일에 열정을 쏟아 붓는 스타일입 니다. 체력이가 좋고 전문적인 일

[그림 127-5] 산(山) 모양 눈썹

을 하기 때문에 금전적으로도 풍족하지만 남의 의견을 잘 듣지 않는 결점 이 있습니다. 이 눈썹을 가진 여자의 경우 사회에서 활약하는 타입이 많으 며 터프하고 기가 셉니다. 가정에서도 주도권을 잡습니다.

⑦ 삼각미(三角眉)는 이해타산 적이고 체력이 좋다

삼각미는 눈썹 중앙을 기점으로 삼각형 모양을 이루는 남성적인 눈썹입니다.[그림127-6]

이 눈썹을 가진 사람은 의지와 자존심이 강한 스타일입니다. 이해타산 적이지만 독립심이 있으며 행동력, 인내력, 결단력을 갖춘 체력이 좋은 사람입니다. 여자의 경우 두뇌회전이 빠르고 행동력도 있으며 체력이 좋습니다.

[그림 127-6] 삼각미(三角眉)

⑧ 검미(劍眉)는 이기적이고 고집이 센 성격

검미는 도미(刀眉), 의경미(義經眉)라고도 하며 눈썹뼈가 높고 털이 굵고 진한 검 모양의 직선적인 눈썹입니다.[그림127-7]

이 눈썹을 가진 사람은 신념이 있지만 협조심이 부족한 이기적인 성격입니다. 용기, 결단력, 의지력, 실행력이 뛰어나 고난을 극복하며 일을 끝까지 해내지만, 지나

[그림 127-7] 검미(劍眉)

친 고집이 주변 사람들의 반감을 일으켜 인간관계에서 손해를 봅니다.

이 눈썹을 가진 여자는 많지 않지만 성질이 급하고 감정적인 단점이 있습니다.

⑨ 청수미(淸秀眉)는 마음이 맑은 영재

청수미는 일자미와 같은 모양이지만 살이 비칠 정도로 옅은 눈썹을 말합니다.[그림127-8]

이 눈썹을 가진 사람은 머리가 매우 좋고 성격이 맑습니다.

집안도 성장과정도 좋고, 머리가 좋는 영재에게 많은 눈썹입니다. 마음이 넓지 못하고 실행력이 부족하지만 청렴 결백한 인품으로 사람들의 사랑을 받습니다.

[그림 127-8] 청수미(淸秀眉)

⑩ 나한미(羅漢眉)는 두뇌가 명석하다

나한미는 일반적으로 송충이 눈썹이라고 하며 눈썹 털이 진하고 송충이 같이 눈썹머리부터 꼬리까지 굵기가 같은 눈썹을 말합니다.[그림127-9]

이 눈썹을 가진 사람은 두뇌가 명석하고 성격이 온후합니다. 설득력도 겸비하고 있어 성직자에 어울립니다. 미술, 예술, 문학 등의

[그림 127-9] 나한미(羅漢眉)

재능이 있고 사회적으로 성공하는 사람도 많습니다.

명예나 지위에는 관심이 있지만 물질적인 것에는 집착하지 않습니다.

평생 결혼하지 않고 고독한 인생을 사는 사람도 있습니다.

⑪ 지장미(地藏眉)는 인덕(人德)이 있다

지장미는 초승달 눈썹보다 눈썹의 중앙 부분이 굵고 길이가 눈썹 너비와 같으며 색이 연하고 부드러워 착해 보이는 눈썹을 말합니다.[그림127-10]

이 눈썹을 가진 사람은 소극적이지만 마음씨가 착하고 배려심이 넘치며 인덕을 갖추고 있어 사람들로부터 사랑을 받습니다. 하지만 이 눈썹을 가진 사람은 많지 않습니다.

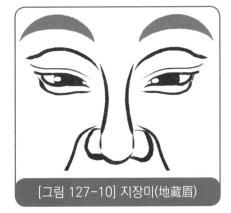

[그림 127-10] 지장미(地藏眉)

⑫ 난초미(亂草眉)는 조잡한 성격

난초미는 말 그대로 풀이 여기저기 난 것처럼 흐트러지게 난 눈썹을 말합니다.[그림127-11]

이 눈썹을 가진 사람은 성격이 조잡하며 돌발적으로 거칠어지는 면이 있습니다. 경제적으로 풍족하지 못하고, 생활이 안정되지 않은 사람이 많습니다.

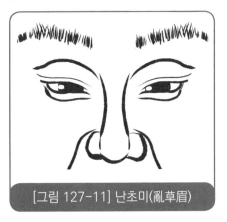

[그림 127-11] 난초미(亂草眉)

⑬ 역미(逆眉)는 난폭성이 있다

역미는 일반적인 눈썹과 반대로 눈썹꼬리에서 눈썹머리 쪽으로 털이 난 눈썹을 말합니다.[그림 127-12]

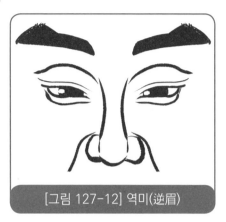

[그림 127-12] 역미(逆眉)

이 눈썹을 가진 사람은 자기주장이 강하고 완고하며 성미가 급한 면이 있습니다. 난폭성이 있는 사람이 많으며 상식이나 도덕을 무시한 채 행동하는 경향이 강해 정신적인 수련을 하지 않으면 불행한 삶을 살게 됩니다.

이 눈썹은 **삼백안**(상(上)백안, 하(下)백안 2종류로 구분되며, 눈동자를 제외하고 흰자 3면이 보이는 눈), **사백안**(눈동자를 제외하고 흰자 4면(상, 하, 좌, 우) 에게서 많이 나타납니다.

⑭ 간단미(間斷眉)는 형제와 인연이 약하다

간단미는 눈썹이 중간중간 끊어진 것이 특징입니다.[그림127-13] 눈썹은 형제궁(兄弟宮)을 나타냄에 따라 이 눈썹을 가진 사람은 형제와의 연이 약하고, 부모와 떨어져 살거나 한쪽을 일찍 여의는 경우가 많습니다. 정이 없으며 금전적으로도 풍족하지 않은 경우가 많습니다.

[그림 127-13] 간단미(間斷眉)

9. 눈썹꼬리 윗부분으로 금전운을 본다

눈썹꼬리 윗부분을 십이궁에서는 복덕궁(福德宮), 별칭으로 천창(天倉)이라고도 하며 하늘의 재(財)를 축적하는 창고라는 뜻이 있습니다. [그림 128]

재운, 금전운, 인덕을 볼 수 있으며 현재의 금전운을 알 수 있습니다. 이 부분의 살집이 두툼한 사람은 재운이 좋지만 움푹하거나 살이 없거나 주름, 상처, 점이 있는 사람은 돈을 낭비하고 모으지 못합니다.

[그림 128] 복덕궁(福德宮)

10. 미간으로 평생의 운기(運氣)를 본다

미간은 십이궁에서 명궁(命宮), 인당(印堂)이라고 합니다. 관상에서는 '일신의 운기가 여기(명궁)에 모인다'라고 합니다. 미간을 보면 매일의 운기를 알 수 있어 이 부분을 제일 먼저 봅니다. 그리고 미간이 쪼개거나, 흉이 있으면 일이 잘 풀리지 않고 실패가 많아 얼굴 중에서 가장 중요한 부분입니다. 평생의 운기, 기력, 활력을 나타내며, 정신력, 건강, 생활력, 금전운이 변화를 알 수 있습니다. 명궁의 혈색이 좋고 살집이 두툼하게 있으며 손가락이 2개 들어가는 사람은 희망과 목적을 달성할 수 있습니다. 인성이 좋고 성격이 원만하며 리드십도 있습니다. [그림129]

손윗사람의 도움을 받을 수 있고 경제적으로도 평생 고난 없이 유복하고 행복한 삶을 영위할 수 있는 운이 강한 사람입니다. 하지만 명궁이 움푹 들어갔거나 주름, 흠집이 있으면 아무리 노력해도 한발 앞에서 희망이나 목적이 좌절되기 때문에 부단한 노력이 필요합니다.

[그림 129] 명궁의 표준너비

11. 미간이 넓은 사람과 좁은 사람

① 미간이 넓은 사람은 그릇도 크다

미간이 넓은 사람은 사물이나, 문제를 대하는 시야가 넓고 인간적인 그릇이 크며 도량도 있습니다. 낙천적이고 사소한 일을 신경 쓰지 않는 대범하고 여유로운 성격입니다. 사교성도 좋고 인생을 즐기는 타입입니다. 손윗사람의 도움을 받아 젊은 시절부터 운을 열 수 있습니다. [그림130]

[그림 130] 넓은 미간

여자의 경우 미간이 넓으면 인성이 좋고 원만하지만 결단력이 부족하고, 지나치게 넓으면 너무 태평한 탓에 모든 일에 대해 무책임합니다. 정조관념도 약하고 낭비가 심하며, 야무지지 못한 성격으로, 미간이 넓으면 넓을수록 그 경향이 심하다고 볼 수 있습니다.

② 미간이 좁은 사람은 신경질적이다

미간이 좁은 사람은 문제를 대하는 시야가 좁고 인간적인 그릇도 작으며 도량도 없습니다. 성격도 신경질적이고 사소한 일에 집착하며 성미가 급합니다. [그림131] 하지만 두뇌회전이 빠르고 시대흐름을 읽는 선견지명이 있어 세상사에 대한 지혜가 뛰어납니다. 무슨 일이든 불평불만을 가지

[그림 131] 좁은 미간

며 쓸데없는 걱정을 많습니다. 또한 자신에게는 엄하지 않으면서 주변사람들 에게는 엄격해 인간관계가 원만하지 못하고 미움을 받는 스타일입니다. 미간이 지나치게 좁은 사람은 소심하고 의심이 많으며, 질투심도 강합니다.

12. 미간의 주름

① 현침문(懸針紋)은 의지가 강하다

미간 한가운데에 있는 한 줄의
깊은 주름은 현침문이라고 합니다.
[그림132]
이 주름이 있는 사람은 의지가 강
하고 근성이 있지만 자기주장이 강
해 타인과 협조하기 어렵습니다.
불평불만이 많아 인생에 파란이 있
습니다. 직장생활을 오래하다 보면
부장님 얼굴에 있는 주름 입니다.

[그림 132] 현침문(懸針紋)

② 상해문(傷害紋)은 성미가 급하다

미간의 눈썹꼬리를 기점으로
위로 향하는 한 줄의 주름을 상해
문이라고 합니다.[그림132-1]
이 주름이 있는 사람은 급한 성미
가 행동으로 바로 나와 트러블이
끊이지 않습니다. 경쟁자를 방해
하거나, 경쟁자로부터 방해를 받
는 경우가 종종 발생합니다.

[그림 132-1] 상해문(傷害紋)

③ 질투문(嫉妬紋)은 시기와 의심이 강하다

미간에 있는 '여덟 팔(八)' 모양
의 주름을 질투문 또는 팔자문이
라고 합니다. [그림132-2] 이 주
름이 있는 사람은 감정적이고 의
심이 많으며 질투심이 강합니다.
마음속에 고민거리나 싫은 일이
생기면 나타나는 주름이기 때문에
상시 이 주름이 있는 사람은 걱정
거리를 항상 안고 있습니다.

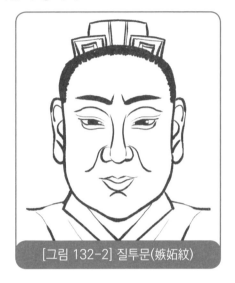

[그림 132-2] 질투문(嫉妬紋)

④ 천자문(川字紋)은 고독한 기질이다

미간에 '내 천(川) 자와 같이 주
름이 세 줄 있는 것을 천자문이라
고 합니다. [그림132-3] 대부분이
직장 생활을 하는데 특히 사무직
으로 오랜 직장 생활을 한 사람에
게서 많이 볼 수 있다. 신경질적이
고 항상 저 멀리 앞까지 생각하는
탓에 쓸데없는 걱정이 많아 후천
적으로 생겨나기도 하지만, 그 특
성은 고민이 많고 혼자 있는 것을
좋아하는 사람에게 많이 나타납니다.

[그림 132-3] 천자문(川字紋)

⑤ 빈궁문(貧窮紋)은 생활이 곤궁하다

미간 양쪽의 눈썹머리에 초승 달 같이 새겨진 주름을 빈궁문이 라고 합니다. [그림132-4] 이 주름이 있는 사람은 불평불만 이 많고 자기반성을 하지 않으며 항상 타인이나 사회에 책임을 전 가합니다. 발전이 없고 질투심이 강한 사람입니다. 정신적, 경제적 으로도 풍족하지 않습니다.

[그림132-4] 빈궁문(貧窮紋)

⑥ 극문(極紋)은 특수한 기능을 가지고 있다

미간에 격자 모양으로 교차되 어 있는 주름을 극문이라고 합니 다. [그림132-5] 이 주름이 있는 사람은 전문적인 직업이나 기술 분야에서 우수한 능력을 발휘하지 만 흔하지 않습니다.

[그림 132-5] 극문(極紋)

顴

광대로 보는 투쟁심과 인내력

顴

관골은 세상을 의미하고 사회적 활동의 강약을 알 수 있다

"광대는 권력욕, 물욕, 사회적 활약, 인기, 포용력, 애정, 건강 등을 관찰하는 곳 입니다. 광대뼈에 살이 두툼하게 붙어 앞과 옆으로 적절히 튀어나온 것이 이상적입니다. 둥그스름한 뺨은 투쟁심이 완화됨을 의미하고, 사회적 인기, 포용력, 인내심이 좋아 사회에서 활약할 수 있습니다."

1. 광대뼈의 방향

① 광대뼈가 앞으로 돌출된 사람

생명력이 넘치고 공격적인 성향을 가지고 있어 사회생활을 하면서 생존경쟁에서 살아남아 활약할 수 있는 투쟁심이 강한 타입입니다.[그림133]

하지만 광대뼈가 지나치게 앞으로 튀어나온 사람은 투쟁심이 너무 강해 트러블이 많습니다.

[그림133] 앞으로 돌출된 광대뼈

② 광대뼈가 옆으로 돌출된 사람

사물에 대한 저항력과 인내력이 강하고 근성이 있습니다. 성격과 인품이 좋으며 남을 잘 돌보는 타입입니다. 체력도 좋아 육체를 사용하는 일이나 운동에 적합합니다. 하지만 광대뼈가 옆으로 지나치게 튀어나온 사람은 고집이 세역시 트러블이 많습니다.

[그림134]

[그림134] 옆으로 돌출된 광대뼈

2. 볼 살이 많은 사람과 적은 사람

③ 볼 살이 많으면 인기가 있다

볼 살이 많은 사람은 뺨이 볼록하게 솟아 있습니다. 성격은 온후하고 원만하며 인품도 좋고 정도 많습니다. 다른 사람을 배려하는 마음과 포용력도 있어 많은 사람들의 사랑을 받습니다. 건강하고 금전적으로도 풍족한 행복한 사람입니다. [그림135]

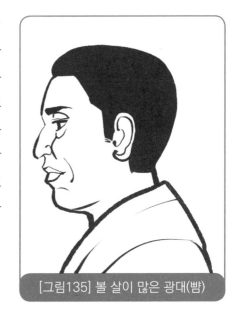

[그림135] 볼 살이 많은 광대(뺨)

④ 볼 살이 적으면 감정적이다

볼 살이 적은 사람은 광대뼈가 앞으로 튀어나와 있습니다. 신경질적이고 정서가 메말라 좋고 싫음이 명확해 제멋대로인 사람이 많습니다. 사교성이 없고 사회성도 부족해 사람들이 그다지 좋아하지 않습니다. 체력이 없고 몸도 약한 편이며 금전적으로도 풍족하지 않습니다. 물질적인 것보다 정신적인 것을 중시하며 실력도 없

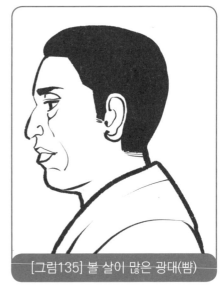

[그림135] 볼 살이 많은 광대(뺨)

으면서 권위나 명예를 바라는 경향이 있습니다. [그림136]

觀相으로 본 人生 履歷書

齒

치아는 젊음을 측정하는 바로미터

신장(腎腸)과 신체의 강약을 알 수 있다

❝치아는 젊음을 측정하는 바로미터입니다. 우리가 사용하는 치약 이름 중 "2080"이 있는데, 아마도 광고회사에서 기획을 할 때 '80세까지 20개의 치아를 유지하자'는 컨셉으로 브랜드 네이밍을 한 것 같습니다. 나이를 먹어도 자신의 치아로 먹을 수 있는 사람은 음식을 잘 씹기 때문에 건강하고 성욕도 왕성해 같은 나이 때 노인들보다 젊음을 유지할 수 있습니다.❞

1. 치열이 고른 사람과 고르지 않은 사람

일반적으로 치아를 볼 때 가운데에서 위에 있는 문치(門齒), 즉 앞니가 가지런하게 나 있는 사람은 지력이 우수하고 품성, 성장과정이 좋으며 건강한 체질이라고 볼 수 있습니다.[그림137]

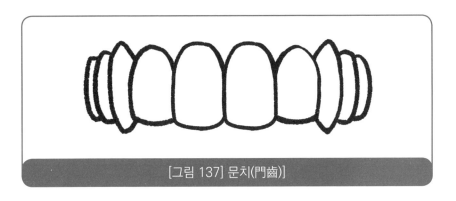
[그림 137] 문치(門齒)

① 치열이 고르면 꼼꼼하다
치열이 고른 사람은 성실하고 꼼꼼하며 성격이 원만합니다. 상식이 풍부하고 책임감이 강하며 주변의 평판이 좋습니다.[그림138]

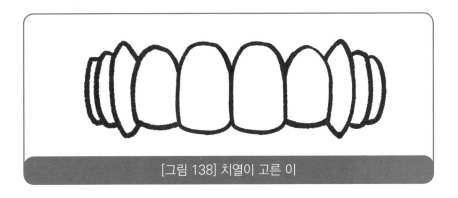
[그림 138] 치열이 고른 이

② 치열이 고르지 않으면 감정적이다

치열이 고르지 않은 사람]은 이기적이고 감정적이며 야무지지 못한 성격입니다. 성질이 급하고 고집이 셀 뿐만 아니라 도덕심이 부족하고 밸런스 감이 부족한 면이 있습니다. [그림138-1]

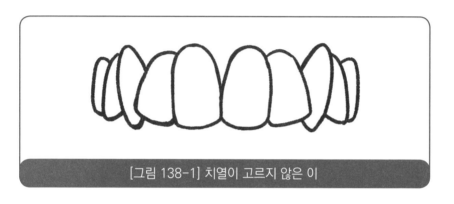

[그림 138-1] 치열이 고르지 않은 이

③ 치아가 벌어져 있으면 싫증을 잘 낸다

치아가 벌어진 사람은 조잡하고 싫증을 잘 내는 성격으로 한가지 일을 끝까지 마무리하지 못하는 타입이며, 경제적으로도 여유롭지 못합니다. [그림138-2]

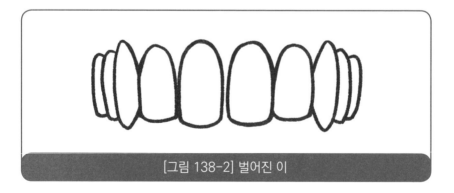

[그림 138-2] 벌어진 이

④ 뻐드렁니는 호기심이 강하다

뻐드렁니인 사람은 호기심과 성에 대한 관심이 강하고 싫증을 잘 내는 면이 있습니다. 개방적인 성격으로 쾌활하지만 말이 많고 허풍쟁이 기질이 있습니다. [그림138-3]

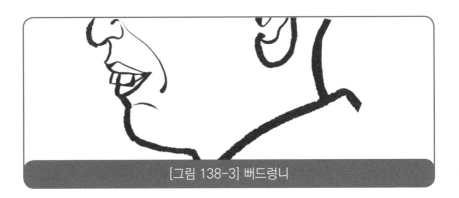

[그림 138-3] 뻐드렁니

⑤ 덧니는 질투심이 강하다

덧니가 있는 사람은 개성적이지만 제멋대로 질투심이 강합니다. 상대방이 자신의 생각대로 행동해야만 직성이 풀리는 스타일입니다.[그림138-4]

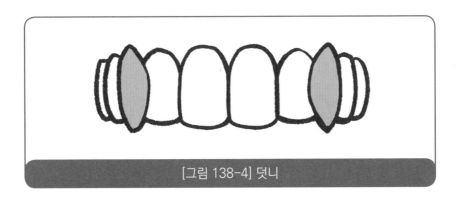

[그림 138-4] 덧니

2. 치아가 큰 사람과 작은 사람

① 치아가 크면 체력이 좋다

치아가 큰 사람은 직감력이 뛰어나고 이성적이지만 정서가 부족합니다. 성실하지만 뻔뻔한 면도 있어 사고나 행동이 대담합니다. 또한 일을 열심히 하는 데다 체력도 좋아 자연스레 경제적으로도 풍족 해집니다. [그림139]

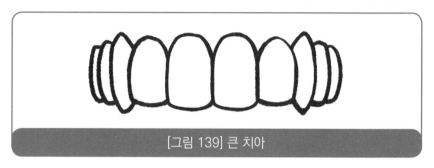

[그림 139] 큰 치아

② 치아가 작으면 세심하다

치아가 작은 사람은 사고와 행동이 논리적입니다. 꼼꼼하고 성실하며 인내력도 있습니다. 정서가 풍부하고 마음 씀씀이가 세심해 누구에게나 사랑받는 타입입니다. 하지만 체력적으로는 그다지 튼튼하지는 않습니다.

치아가 지나치게 작은 사람은 감수성이 예민하고 지나치게 신경질적인 면이 있으며 사소한 일에 고집을 부려 사람들로부터 오해를 많이 받습니다. 또 몸이 약하고 인내심도 부족 합니다.[그림139-1]

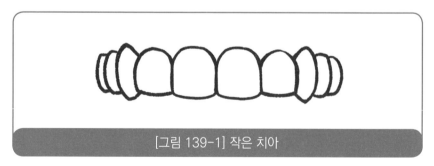

[그림 139-1] 작은 치아

觀相으로 본 人生 履歷書

髮

모발로 보는 건강

髮

머리가 좋은 사람이 머리를 많이 쓰면 백발이 되고
머리가 나쁜 사람이 머리를 많이 쓰면 대머리가 된다

"옛날부터 머리카락은 몸에서 남는 피로 만들어진다고 했습니다.
건강하고 컨디션이 좋을 때에는 머리카락을 잡아당겨도 쉽게 끊어지지 않
지만 컨디션이 좋지 않을 때에는 잘 끊어지고 윤기도 없습니다. 그리고 청
소년기 남자의 경우 남성 호르몬이 넘쳐 보통 머리카락이 굵고 뻣뻣하고,
노년에는 머리카락이 가늘어 지는 것은 생물학적 특성이니 이상 할 것이
없습니다. 회사에서 농담처럼 하는 말 중 '머리가 좋은 사람이 머리를 쓰면
백발이 되고' '머리가 나쁜 사람이 머리를 쓰면 대머리가 된다'는 말이 있
습니다. 하지만 대머리나 백발이 되는 것은 유전에 따른 영향이 크며 나이
에 따른 변화는 어쩔 수 없습니다."

1. 머리카락이 뻣뻣한 사람과 부드러운 사람

① 머리카락이 뻣뻣하면 의지가 강하고 행동적이다

머리카락이 뻣뻣한 사람은 완고하고 고집이 세며 유연성, 협조심이 부족합니다. 건강하고 체력도 좋지만 혈압은 낮은 편입니다.

② 머리카락이 부드러우면 세심하다

머리카락이 부드러운 사람은 애정이 풍부하고 세심하며 배려심이 넘칩니다. 성격은 신경질적이고 감수성이 예민하며 두뇌가 명석합니다.

2. 머리카락이 굵은 사람과 가는 사람

① 머리카락이 굵으면 인내심이 있다

머리카락이 굵은 사람은 적극적이고 야성적인 기질이 있습니다. 행동적이고, 인내심이 강하며 체력이 있습니다.

② 머리카락이 가늘면 지구력이 없다

머리카락이 가는 사람은 소극적이지만 온화하고 지성적입니다. 하지만 체력이 별로 없고 지구력, 인내심도 부족한 편입니다.

3. 머리카락의 색

① 흑발(Black)은 열정적이고 활력이 있다

윤기나는 흑발을 가진 사람은 열정적이고 활력이 넘치며 체력도 좋습니다. 본능적인 욕망이 강한 건강한 사람입니다.

② 적발(Red)은 싫증을 잘 내는 성격이다

싫증을 잘 내고 끈기와 인내력이 부족하지만 열정적인 면이 있습니다.

③ 백발(White)은 스트레스가 드러난다

나이가 들어 백발이 되는 것은 자연스러운 일이지만 젊어서 백발이 되는 것은 유전적인 요인과 정신적인 스트레스에 의한 노화가 원인입니다.

法令

법령으로 보는 사회적 힘

법령, 팔자주름은 중년의 사회적 위치를 알 수 있다

> 법령은 코의 양 옆으로부터 입을 감싸듯 아래로 내려오는 선입니다. 모양, 길이, 크기, 굵기로 리더십, 사회적인 힘, 직업 운, 수명을 판단합니다. 법령선이 굵고 미색이며 뚜렷하고 입에서 떨어져 '여덟 팔(八)' 모양으로 길게 뻗어 있는 사람은 정이 많고 포용력과 지도력이 있으며 권위에 따라 사회적인 영향력이 강합니다.
>
> 명예, 지위, 금전적으로 모두 풍족하며 말년에 이르기까지 유복하게 즐기며 살아갈 수 있습니다. 남성 가운데 40세가 넘어서도 법령이 생기지 않는 사람은 진로나 사고방식이 아직 제대로 확립되지 않았거나, 진취적인 기질이 너무 강해 아직도 안정을 찾지 못한 사람이라고 할 수 있습니다.

1 법령이 긴 사람과 짧은 사람

① 법령이 길면 장수한다

법령이 긴 사람은 리더십이 있어 아랫사람과 조직을 잘 관리합니다. [그림140]

사회적인 지위가 확실하면 확실할수록 법령은 깊고 길어집니다. 또 법령이 지나치게 깊은 사람은 다른 사람에게 엄한 경향이 있습니다. 법령은 유년운으로 볼 때 56, 57세를 나타내고 뚜렷하고 긴 사람은 장수합니다.

[그림 140] 긴 법령(法令)

② 법령이 짧으면 리더십이 부족하다.

법령이 짧은 사람은 독립심, 리더십, 포용력을 아직 갖추지 못한 상태입니다. 법령은 노력 여하에 따라 길어질 수 있지만 인간적인 성장이 없이 길어지지 않습니다.[그림140-1]

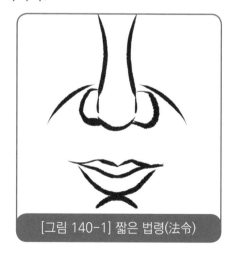

[그림 140-1] 짧은 법령(法令)

2. 법령의 모양

① 법령이 입을 에워싸면 말년이 행복하지 않다

법령이 입을 에워싸는 사람은 소극적인 성격으로 사교성이 없어 말년이 별로 행복하지 않습니다. [그림141]

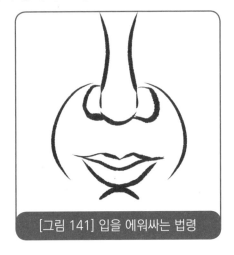

[그림 141] 입을 에워싸는 법령

② 법령의 끝부분이 입으로 들어가면 거지 팔자다.

법령의 끝부분이 입으로 들어가는 사람은 매우 신경질적인 성격이며 위장이 약하고 식사를 할 수 없는 병에 걸리거나, 경제적으로 길이 막혀 생활고에 시달리게 됩니다.[그림142]

[그림 142] 입으로 들어가는 법령

③ 법령이 중간에 끊어져 있으면 무책임하다

법령이 중간에 끊어져 있는 사
람은 회사에서나, 가정에서 일을
끝까지 마무리하지 않는 무책임한
성격입니다.[그림143]

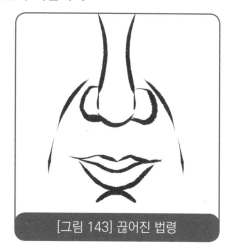

[그림 143] 끊어진 법령

④ 좌우 법령의 모양이나 길이가 다르면 사고방식이 편협하다

좌우 법령의 모양이나 길이가 다른 사람은 성격에 양면성이 있습니다.
생각이 편협하거나, 고집이 강하고 불성실한 면이 있습니다.
이직을 반복하며 불안정하고 변화가 많은 삶을 삽니다. 그리고 부모 어느
한쪽과 인연이 약합니다.[그림144]

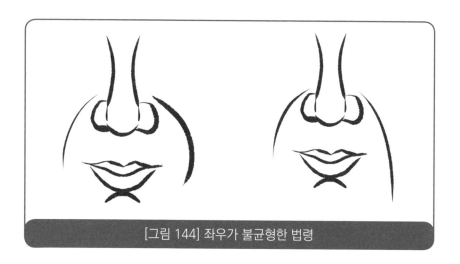

[그림 144] 좌우가 불균형한 법령

⑤ 법령이 두 줄이면 개성이 매우 강하다

법령이 두 줄인 사람은 개성이 강하고 제멋 대로이며 협조심이 부족합니다. 두 가지 이상의 일을 하거나, 부업을 하고 있는 사람에게 많습니다. 법령이 넓으면 장수합니다.[그림145]

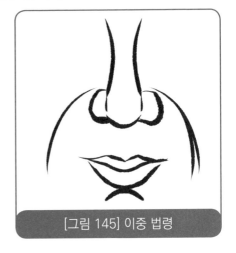

[그림 145] 이중 법령

⑥ 법령이 넓은 사람은 독립심이 강하다.

법령이 '여덟 팔(八)' 모양으로 넓은 사람은 독립심이 강하고 마음이 넓으며, 직장에서 아랫사람 운도 좋은 편입니다. 건강은 말년까지 장수하며, 경제적으로도 풍족하게 사는 사람이 많습니다. [그림146]

[그림 146] 넓은 법령

⑦ 법령이 좁으면 생활력이 없다

법령이 좁은 사람은 마음이 좁
고 신경질적이며 이기적인 성격입
니다. 사교성, 협조심이 부족하고,
생활력이 없고 경제적으로도 그다
지 풍족하지 않은 사람이 많습니
다.[그림147]

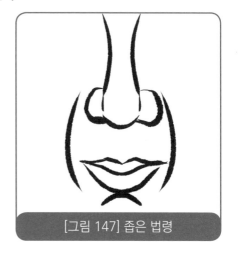

[그림 147] 좁은 법령

人
中

인중으로 보는 도덕관

人中

인중으로 본 도량의 깊이와 생명력

> "코와 윗입술 사이에 도랑과 같이 움푹 패인 곳을 인중이라 합니다.
> 관상에서는 도랑의 너비, 깊이, 길이로 수명, 건강, 특히 생식기 상태를 포함한 생명력을 파악하며 도덕심을 관찰하는 곳입니다.
> 여성은 자궁 상태, 자식운을 알 수 있습니다.
> 가장 좋은 인중의 조건은 펜촉과 같은 모양으로 코 쪽이 좁고 윗입술에 가까워질수록 넓게 쭉 뻗어 도랑이 뚜렷하게 새겨진 것입니다.[그림148]"

1. 인중이 넓고, 길고, 깊은 사람은 도덕관념이 있다

  인중이 넓고 길고 깊은 사람은 마음이 넓고 성격이 원만합니다. 도덕관념이 강하고 의지력, 인내력이 뛰어납니다. 생명력이 왕성하며 정력도 좋습니다. 자식운이 좋으며 여성은 임신이 잘 되고 출산도 편안합니다. 장수하는 사람이 많습니다. [그림149]

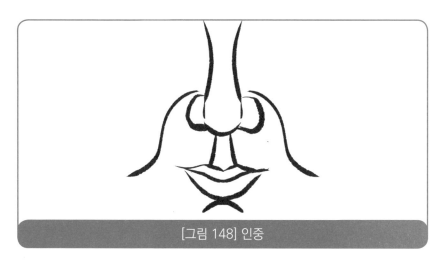

[그림 148] 인중

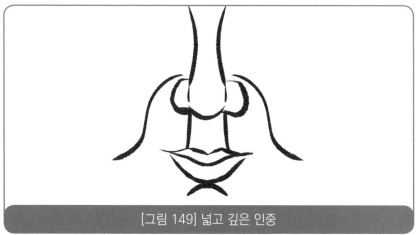

[그림 149] 넓고 깊은 인중

2. 인중이 좁고 짧고 얕은 사람은 생명력이 약하다

인중이 좁고 짧고 얕은 사람은 그릇이 작고 이해심이 부족 합니다. 편협하고 끈기가 별로 없어 의지가 약하며 도덕관념이 부족한 사람이 많습니다. 생명력이 약하고 생활력도 없어 금전적으로 풍족하지 않은 사람이 많습니다. 정력이 약해 자식과의 연이 적습니다. [그림150]

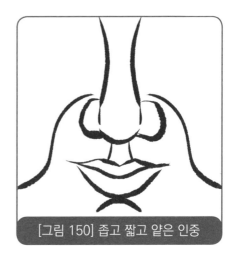

[그림 150] 좁고 짧고 얕은 인중

인중이 특히 좁은 사람 또는 인중이 없는 사람은 신경질적이고 성질이 급하며 이기적인 사람이 많습니다. 인중이 특히 짧아 윗입술이 뒤집어진 사람은 상대방의 기분을 이해하려고 하지 않는 경향이 강합니다. [그림151]

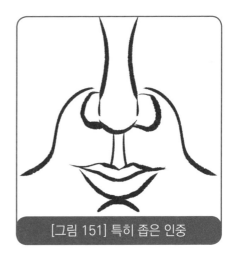

[그림 151] 특히 좁은 인중

觀相으로 본 人生 履歷書

髟

수염으로 보는 신장의 건강상태

髭

자유로운 영혼의 소유자

"수염을 포함한 털은 몸에 남는 혈액으로 만들어집니다.

수염이 푸르스름하게 보이고 진한 사람은 신장이 건강하다고 할 수 있습니다. 수염을 기르는 사람은 감수성이 예민하고 강한 개성과 멋을 가지고 있으며 정신적으로 자유분방하고, 예술가가 많습니다. 스페인 초현실주의 화가 **살바도르 달리(Salvador Dali)** 수염을 생각하시면 될 것 같습니다."

1. 수염이 짙은 사람과 옅은 사람

① 수염이 짙으면 적극적이다

수염이 짙은 사람은 적극적인 성격으로 밝고 활발합니다.

행동은 대담하지만, 의외로 세심하고 배려심과 용기가 있습니다.[그림152]

[그림 152] 짙은 수염

② 수염이 옅으면 소극적이다

수염이 옅은 사람은 소극적인 성격으로 소심하고 조금 치사한 면이 있습니다. 체력이 별로 좋지 않으며 생활력도 부족한 편입니다.[그림153]

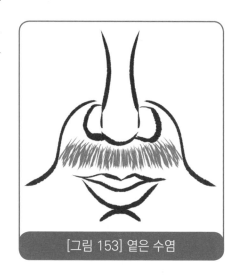

[그림 153] 옅은 수염

2. 수염의 색

① 검은 수염은 운에 부침이 있다

수염이 지나치게 검은 사람은 운이 그다지 좋지 않습니다. 일이나 인생에 부침이 많으며 금전운도 좋을 때와 나쁠 때가 있습니다. 그리고 가족과도 인연이 약합니다.

② 파란 수염은 건강하다

푸르스름한 수염이 가늘고 진하며 빈틈없이 난 사람은 노력에 따라 목적을 달성할 수 있습니다. 건강운이 좋고 신장이 튼튼합니다. 하지만 파란 수염이라도 드문드문 난 사람은 고난이 있습니다.

③ 빨간 수염은 금전적 어려움을 겪는다

빨간 수염이 날 때에는 신장 기능이 약해지고 건강 상태가 최악이며 정신적, 육체적, 경제적으로 어려움이 끊이지 않는 상태입니다. 또 수염 끝이 곧지 않고 구부러질 때에는 운이 정체되는 시기이므로 마음 편하게 때를 기다리는 것이 중요합니다.

살바로드 달리

이상적인 얼굴 주요 부위별 밸런스 & 성격

- **耳 귀**
  - 크고 살집이 두툼해야 한다.

- **目 눈**
  - 두 눈이 수평 한 위치에 있다.
  - 안구는 지나치게 돌출되지 않고 들어가지도 않아야 한다.
  - 검은자와 흰자의 경계가 명확해야 한다.
  - 검은자가 위아래 눈꺼풀에 걸린 것이 좋다.

- **口 입**
  - 윤곽이 명확해야 한다.
  - 입꼬리가 살짝 올라가 있다.

- **鼻 코**
  - 얼굴을 삼등분한 길이 또는 귀의 길이와 같아야 한다.

- **額 이마**
  - 표준 넓이는 손가락이 세 개 들어가는 정도다.
  - 넓고 주름, 상처 등이 없어야 한다.
  - 살집이 두툼하고 이마가 조금 튀어나온다.

- **眉 눈썹**
  - 눈썹머리가 굵고 눈썹꼬리로 갈수록 가늘면 좋다.
  - 부드럽고 좌우 눈썹의 높이가 수평을 이룬다.

- **顴 광대(뺨)** 살집이 풍성하고, 피부 색이 밝다.

- **齒 치아**
  - 문치(치열의 가운데 치아)가 가지런하다

点

점은 과거, 현재, 미래를
알려준다

点

지(痣)·흔(痕)·점(点)·반(斑) 구분한다

"얼굴의 점은 하나하나 모두 의미를 지니고 있습니다. 그 사람의 성격, 재능, 직업, 금전, 건강, 가정 등 눈에 보이지 않는 마음 속 깊숙한 곳에 있는 정신적인 움직임이 신호가 되어 신체 표면에 나타난 것으로 생각하면 됩니다. 관상가는 특히 얼굴에 있는 점으로 그 사람의 과거와 현재, 미래를 파악하는 경우가 많습니다. 박애점, 반골점, 금결점, 눈물점, 사랑점, 애정점 등을 알아 두면 상대의 성격과 장단점을 파악할 수 있어 사람을 사귀는데 큰 도움이 될 것입니다."

1. 점의 위치와 의미

관상에서는 점을 여러 가지로 구분하는데, 지(痣)란 살보다 약간 높이 솟은 것으로서 사마귀를 말한다. 흔(痕)이란 살보다 낮고 파인 것으로 흠이나 곰보를 말하고, 점(点)이란 살 속에 묻혀 평평한 것으로서 점이나 주근깨라고 하며, 반(斑)이란 살 위로 약간 솟아 있거나 평평한 것으로서 검버섯이나 저승 꽃이라고 합니다.

점은 살아있는 점과 죽은 점이 구분되는데 행복한 점은 많지 않습니다. 살아있는 점은 색이 검고 윤기가 있는 점을 말하며, 점이 있는 부분의 의미를 긍정적인 방향으로 강화하는 기능이 있습니다. 반대로 죽은 점은 갈색빛으로 색이 연하고 윤기가 없는 점으로, 점이 있는 부분의 의미를 약화하는 기능이 있습니다. 크기가 크면 클수록 살아있는 점은 긍정적인 의미가 강화되며, 죽은 점은 부정적인 의미가 강합니다. 점이 작으면 작을수록 각각의 긍정적인 의미와 부정적인 의미가 약화됩니다.

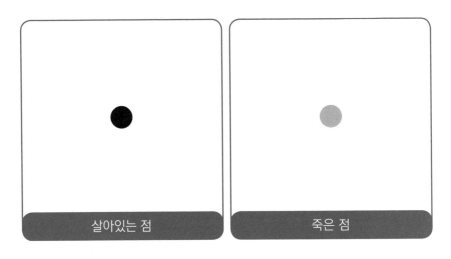

살아있는 점   죽은 점

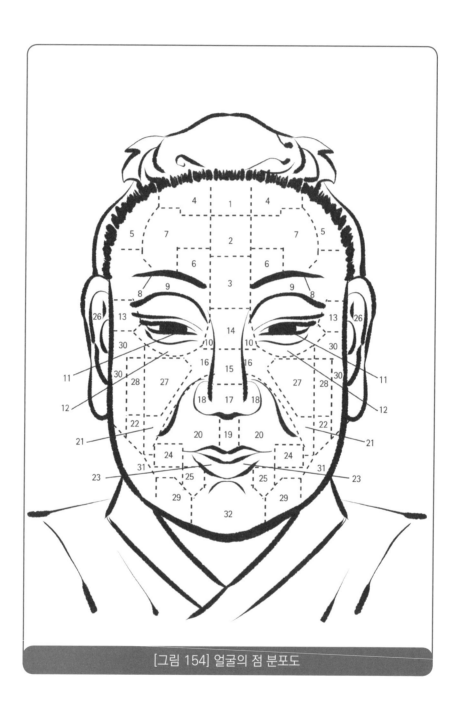

[그림 154] 얼굴의 점 분포도

① 천정(天庭)

이마의 1부분[그림154]을 천정, 천중(天中)이라고 하며 이 부분에 살아 있는 점이 있는 남성은 유년기에 고난이 많습니다. 하지만 자아가 강해 나이를 먹으면서 노력이 결실을 맺어 성공합니다.

또 반골 기질이 강하고 인내력이 있습니다. 이 부분에 점이 있는 여성은 남편운이 그다지 좋지 않습니다.

② 사궁(司宮)

이마의 2부분[그림154]을 사궁, 중정(中正)이라고 하며 직업운, 윗사람의 도움을 받을 수 있는지 여부를 보는 부분입니다.

이 부분에 살아있는 점이 있는 남성은 개성이 강하고 파란이 많은 인생입니다. 항상 변화를 좋아해 직업을 자주 바꾸며, 회사에서 윗사람과의 트러블이 많은 편입니다. 하지만 그 성격을 이해하고 인정하는 사람은 이 사람을 누구보다 맘에 들어 합니다. 여성의 경우 독특한 성격인 경우가 많으며 늦게 결혼하거나 평생 혼자사는 경우가 있습니다.

③ 명궁(命宮)

눈썹과 눈썹 사이인 3부분[그림154]을 명궁 또는 인당(印堂)이라고 하며 얼굴의 급소입니다. 관상에서는 얼굴에서 제일 먼저 보는 중요한 부분으로, 평생의 운의 세기를 보는 곳입니다.

이 부분에 살아있는 점이 있는 사람은 운이 강하지만 부침이 있어 좋을 때와 나쁠 때가 확실하게 인생에 나타납니다.

여기에 점이 있는 여성은 성격과 운이 모두 지나치게 세며 가정에 정착하지 못합니다. 하지만 기자, 의사, 종교인, 예술가 등의 직업을 가진 사람은 반드시 성공할 수 있습니다.

④ 불시궁(不時宮)

이마의 4부분[그림154]에 점이 있는 사람은 다른 사람의 영향을 잘 받는 성격입니다. 주변사람에게 마음이나 정에 이끌려 시비에 휘말리기 쉬우므로 주의가 필요합니다.

⑤ 천이궁(遷移宮)

이마의 5부분[그림154]을 천이궁이라고 하며 역마(驛馬) 부위를 말 합니다. 이 부분에 살아있는 점이 있는 사람은 유학, 이사, 전근, 출장, 여행 등 변화가 많은 파란만장한 삶을 살지만, 현대적 의미로 인간관계가 넓고 좋은 운을 가지고 있다고 봅니다. 또 넓은 인간관계가 성장으로 이어지는 등 긍정적인 방향으로 작용합니다.

이 부분에 살아있는 점이 2개 이상 있는 경우는 사랑점이라고 하며 이성의 유혹이 많고 유혹을 당하면 금방 넘어가는 사람임을 뜻합니다. 이 부분에 죽은 점이 있는 사람은 생활에 변화가 있을 때마다 정신적, 육체적, 물질적인 어려움이 따릅니다. 죽은 점이 2개 이상 있으면 실연점이라고 도 합니다.

⑥ 교우(交友)

눈썹머리 윗부분을 교우라고 하며 이 부분에 살아있는 점이 있는 사람은 인간관계 범위가 넓은 타입입니다. 자신에게 도움이 되는 많은 친구를 가질 수 있습니다. [그림155] 6

이 부분에 죽은 점이 있는 사람은 고집이 세고 감정적인 편입니다.

눈썹 중앙의 윗부분에 살아있는 점이 있는 사람은 사교성이 매우 좋습니다. [그림155] 6-1

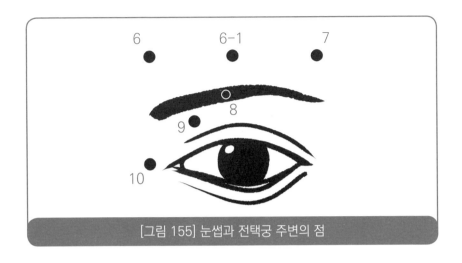

[그림 155] 눈썹과 전택궁 주변의 점

⑦ 복덕궁(福德宮)(천창(天倉), 복당(福堂))

눈썹꼬리 윗부분을 복덕궁 또는 천창, 복당이라고 하며 금전운, 재산운을 볼 수 있습니다. 이 부분에 살아있는 점이 있는 사람은 돈의 출입이 잦습니다. 이 부분에 있는 죽은 점은 낭비점이라고 하며 경마, 카지노, 화투, 주식, 가상화폐 등으로 돈을 잃어 좀처럼 모을 수 없음을 의미합니다. 이 부분에는 점이 없는 편이 좋습니다. [그림155] 7부분

⑧ 형제궁(兄弟宮), 문장궁(文章宮)

눈썹을 형제궁 또는 문장궁이라고 합니다. 눈썹에 작은 살아있는 점이 있는 사람은 윗사람, 친척, 친구의 도움을 받을 수 있는 운입니다.
[그림155] 8부분

직감력과 번뜩이는 아이디어가 있고 미적감각이 뛰어나 문학, 예술, 음악 등 다방면에서 재능을 발휘하지만 특히 문장력이 뛰어납니다. 살아있는 큰 점이 있는 사람은 두뇌회전이 빨라 말도 잘하고 일도 잘합니다. 죽은 점이 있는 사람은 문학, 예술, 음악 분야 등에서 재능을 발휘하기는 어렵습니다.

⑨ 전택궁(田宅宮)

눈썹과 눈 사이를 전택궁이라고 하며 전택궁에 살아있는 점이 있는 사람은 부모로부터 유산으로 건물, 아파트, 땅 등을 상속받을 수 있는 운이 있는 사람입니다. 이 부분에 죽은 점이 있는 사람은 친척이나 형제자매와 상속 문제로 갈등이 발생하며 최악의 경우, 아주 조금 상속받거나 전혀 상속받지 못하는 경우도 있습니다. [그림155] 9부분

⑩ 부부좌(夫婦座)

눈 앞머리 부분을 부부좌라고 하며 부부좌에 살아있는 점이 있는 사람은 이성이나 주변지인 들의 도움을 받으며, 부부 관계도 문제없이 원만합니다. [그림155] 10부분

남자가 왼쪽에 죽은 점이 있는 사람은 아내와 성적으로 맞지 않습니다. 오른쪽의 이 부분에 죽은 점이 있는 남자는 이기적인 성격입니다. 여성 중 왼쪽에 죽은 점이 있는 사람은 상대 남자와 삼각관계로 고생합니다. 오른쪽의 죽은 점이 있는 여자는 남편의 바람기로 걱정이 끊이지 않습니다.

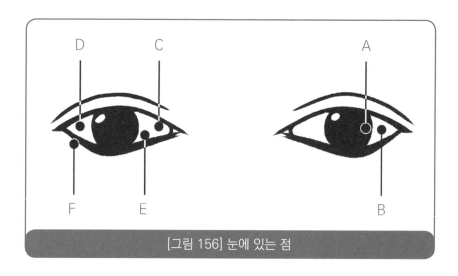

[그림 156] 눈에 있는 점

⑪ 눈에 있는 점

눈, 부분의 검은자에 살아있는 점이 있는 사람은 성sex을 즐기는 것을 매우 좋아합니다. [그림156-A] 흰자에 살아있는 점이 있는 사람으로 적극적으로 이성을 유혹하는 타입입니다. [그림156-B, C]

눈꼬리에 가까운 쪽 살아있는 점이 있는 사람은 마음속으로 이성의 유혹을 기다리고 있는 타입입니다. [그림156-D] 아랫 눈꺼풀의 속눈썹 안쪽에 있는 점은 이성관계가 복잡함을 나타내며 이 부분에 살아있는 점이 있는 여성은 이성의 유혹도 많습니다. [그림156-E] 아랫 눈꺼풀의 바깥쪽 경계 부분에 살아있는 점이 있는 남성은 기력이 넘치지만 죽은 점이 있으면 정력이 부족한 타입입니다.[그림156-F]

⑫ 남녀궁(男女宮)(와잠(臥蠶)과 누당(淚堂))

눈 밑인 12 부분을 남녀궁, 와잠, 누당이라고 합니다.

누당에 있는 점을 눈물 점이라고도 합니다. 이 점이 있는 사람은 울보로 매우 잘 웁니다. 자식과 연이 없거나 자식 때문에 고생하며 울게 됩니다.[그림157-A]

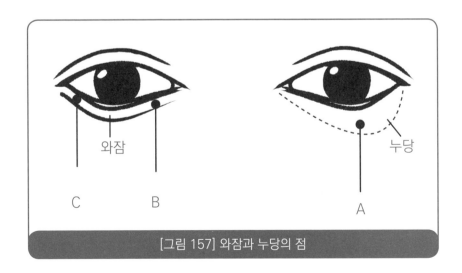

[그림 157] 와잠과 누당의 점

와잠이 두툼하고 볼록하면 정력이 넘친다고 볼 수 있습니다. 이 부분에 살아있는 점이 있는 사람은 한 명의 이성으로는 만족하지 못하는 타입입니다. 점이 눈의 앞머리에 가까이 있는 사람은 이성에게 적극적입니다. [그림157-B] 눈꼬리에 가까이 있는 사람은 소극적인 성격이기 때문에 유혹을 당하면 바로 넘어가는 타입입니다. [그림157-C]

⑬ 처첩궁(妻妾宮)

눈꼬리의 옆부분을 처첩궁, 별칭으로 어미(魚尾), 간문(肝門)이라고 하며 이 부분에 살아있는 점(색난(色難) 점)이 있는 사람은 이성관계에서 갈등이 있어도 원만하게 처리하며 나중에 그 경험이 인생에 긍정적으로 작용하는 타입입니다. 이 부분에 죽은 점이 있는 사람은 이성관계가 꼬여 갈등이 표면화됨에 따라 문제가 될 수 있습니다. [그림154] 13부분

⑭ 산근(山根)

코가 시작하는 부분을 산근, 질액궁(疾厄宮)이라고 하며 이 부분에 살아있는 점(책임 점)이 있는 사람은 고향을 떠나 생활하며 무거운 책임을 떠맡아 정신적, 육체적, 경제적으로 고생합니다. 몸이 튼튼하지 않으며, 특히 위장이 약합니다. 이 부분에 점이 있는 여성은 결혼과 연이 없으며 스스로 생계를 책임지는 타입입니다.

이 부분에 죽은 점이 있는 사람은 책임감이 부족하고 야무지지 못한 면이 있습니다. 사고, 실수 등으로 타인으로부터 피해를 입지 않도록 주의가 필요합니다. [그림154] 14부분

⑮ 수상(壽上)

코의 가운데 부분을 수상, 연상(年上)이라고 하며 이 부분에 점(색난 점)이 있는 사람은 고집이 세고 지기 싫어합니다. 호흡기, 위장이 약하고 몸도 튼튼하지 않습니다. 중년기의 이성관계에 주의할 필요가 있습니다. [그림154] 15부분

⑯ 향전(香田)

코 옆부분을 향전, 선사(仙舍)라고 하며 이 부분에 살아있는 점이 있는 사람은 저축을 하기보다 부동산에 투자를 하면, 재산이 모이고 생활도 안정됩니다. 경제적으로도 풍족해 집니다.

이 부분에 죽은 점이 있는 사람은 호흡기 계통이 약해, 증상이 만성화될 가능성이 높아 주의해야 합니다. [그림155] 16부분

⑰ 준두(準頭)

코끝부분을 준두하고 하며 이 부분에 살아있는 점이 있는 남성은 기력이 넘칩니다. 금전적으로도 풍족해 많은 재산을 소유하며 생활력이 왕성합니다. 낭비를 해도 자연스럽게 돈이 다시 들어옵니다.

이 부분에 살아있는 점이 있는 여성은 재혼할 가능성이 높습니다. 이 부분에 있는 죽은 점은 낭비점이라고도 하며 이 점이 있는 사람은 돈이 들어와도 낭비해 버리고 이성에 의해서도 고생하는 타입입니다. 정력은 약한 편입니다. [그림155] 17부분

⑱ 금갑(金甲)

콧방울 부분을 금갑이라고 하는데 구체적으로 오른쪽을 정위(廷尉) 왼쪽을 난대(蘭帶) 라고 하며, 이 부분에 살아있는 점이 있는 사람은 금전운이 있어 도박에도 강합니다. 하지만 친구와, 지인들과 내기에 하지 않는 편이 현명합니다. 돈의 출입에도 큰 변화가 생길 때, 부업을 해도 실패는 하지 않으며, 어느정도 성과를 낼 수 있습니다.[그림154] 18부분

⑲ 인중(人中)

코 밑을 인중이라고 하며 자식과의 연을 봅니다. 여성은 자궁 건강을 볼 수 있습니다.[그림154] 19부분 / [그림158]

A 부분에 점이 있는 사람은 생식 능력이 약하고 자식으로 인한 고생이 많습니다.

B 부분에 점이 있는 사람은 자궁이 약하고 재혼이 많습니다. 목, 편도선도 약한 편입니다.

C 부분에 점이 있는 사람은 이성 관계가 복잡합니다.

D 부분에 점이 있는 사람은 불륜을 저지를 가능성이 높은 타입입니다.

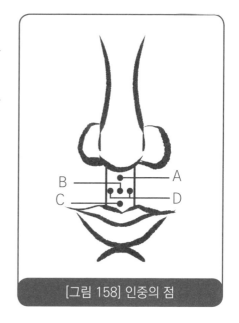

[그림 158] 인중의 점

⑳ 식록(食祿)

법령의 안쪽, 콧방울 아랫부분을 식록이라고 하며 이 부분에 있는 살아 있는 점은 치주(馳走) 점이라고도 합니다. 이 점이 있는 사람은 예로부터 평생 먹는 것으로 곤란을 겪지 않는다고 해 평생 의식주가 풍요롭습니다. [그림154] 20부분

이 부분에 죽은 점이 있는 사람은 불평이 많고 의식주도 그다지 풍요롭지 않습니다. 체질적으로 먹지 못하게 되거나, 식사를 할 수 없는 질병(걸식증)에 걸리지 않도록 주의합시다.

㉑ 법령(法令)

입을 에워싸는 선[그림154] 21 부분을 법령이라 하며 이 선에서 코와 가까운 부분에 점이 있는 사람을 디스크, 허리가 아픈 지병이 있습니다. [그림159-A]

법령선의 가운데 부분에 점이 있는 사람은 중년기에 재산을 만들지만 무릎이 약합니다. [그림159-B]

입 근처에 점이 있는 사람은 아킬레스건이나 복사뼈가 약하니 조심해야 합니다.[그림159-C]

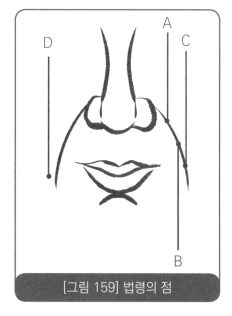

[그림 159] 법령의 점

법령선의 바깥쪽에 살아있는 점이 있는 여자는 자신의 의도와 무관하게 어딘가 틈이 보이는 분위기를 만들어 남자 들이 쉽게 접근하곤 합니다. [그림159-D]

㉒ 지고(地庫)

법령의 옆 부분을 지고라고 하며 이 부분에 살아있는 점이 있는 사람은 영향이 별로 없으나 죽은 점이 있는 사람은 주택환경에 시달립니다. 햇빛이 잘 들지 않는 곳, 소음이 있는 곳에서 살게 됩니다. [그림154] 22부분

㉓ 입술

입술에 있는 점은 이성관계와 음식, 수난(水難)에 영향을 줍니다. [그림 154] 23부분인 윗입술에 살아있는 점이 있는 사람은 미식가이고 이성관계가 화려한 타입입니다. [그림160-A] 아랫입술에 있는 사람은 소극적이지만 이성과의 육체적인 관계를 은근히 기다리는 경향이 있어 색난의 상이 됩니다. [그림160-B] 입술에 죽은 점이 있는 사람은 냉한 체질로 기력도 쇠하기 쉽습니다. 입술의 눈에 띄지 않는 곳에 살아있는 점이 있는 사람은 상대방을 위해 애쓰는 타입입니다. 죽은 점이 있는 사람은 치질에 시달립니다. 또 입술에 점이 있는 사람은 수난의 상으로 물과 관련된 사고에 주의해야 합니다. 비를 몰고 다닌다는 말을 듣는 사람도 입술에 점이 있습니다. 식생활에 어려움은 없습니다.

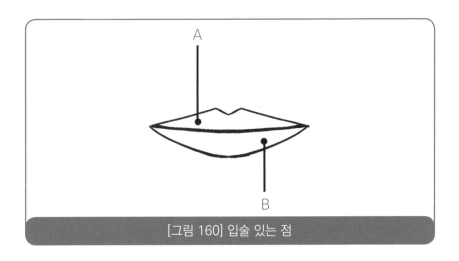

[그림 160] 입술 있는 점

㉔ 구각(口角)

입술 옆 부분을 구각이라고 하며 이 부분에 살아있는 점이 있는 사람은 교묘한 말로 설득하는 능력이 뛰어납니다. [그림154] 24부분 죽은 점이 있는 사람은 시끄럽고 말이 많은 타입으로, 사람들이 별로 좋아하지 않는 스타일입니다.

㉕ 비인(比隣)

입술의 양쪽 모퉁이 아랫부분을 비인이라고 합니다. 이 부분에 살아있는 점이 있는 사람은 가볍게 화를 입습니다. [그림154] 25부분 죽은 점이 있는 사람은 인간관계의 트러블이 많으므로 자중하는 것이 중요합니다.

㉖ 귀

귀 [그림154] 26부분 가장자리 안쪽에 살아있는 점이 있는 사람은 아이디어가 풍부하고 직감이 날카로우며 번뜩임이 훌륭한 사람입니다. [그림161-A] 죽은 점이 있는 사람은 몸이 약한 편이어서 주의가 필요합니다. 이곽에 살아있는 점이 있으면 이기적이고 고집이 강하다.[그림 161-B] 이곽의 숨겨진 부분에 살아있는 점이 있는 사람은 이성에게 인기가 있습니다. [그림161-C]

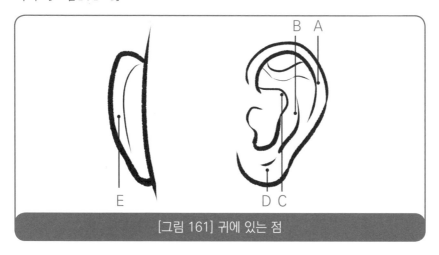

[그림 161] 귀에 있는 점

귓불에 살아있는 점이 있는 사람은 애정, 돈, 체력이 모두 풍족합니다. 죽은 점이 있는 사람은 냉정하고 체력이 약하며, 모아둔 재산이 없습니다. [그림161-D] 귀의 뒷면에 살아있는 점이 있는 사람은 평생 돈 걱정이 없습니다. [그림161-E]

㉗ 기당(妓堂)

뺨 부분을 기당이라고 하며 이 부분에 있는 살아있는 점을 인기점이라고 합니다. 이 점이 있는 사람은 평판이 좋아 자연스럽게 인기를 얻습니다. 여배우, 여자 아이돌 가수를 관찰하면 자주 보이는 점입니다.

남성의 왼쪽, 여성의 오른쪽에 있는 살아있는 점은 사회적인 인기를 나타내며 남자의 오른쪽, 여성의 왼쪽에 있는 살아있는 점은 가까운 사람들과 관계에서 인기 정도를 나타냅니다. 이 부분에 죽은 점이 있는 사람은 스캔들, 질투로 고생하는 경우가 많아 뽑는 것이 좋습니다.[그림154] 27부분

㉘ 광대뼈

광대뼈 부분의 살아있는 점은 별칭으로 반골(反骨) 점이라고 하며 이 점이 있는 사람은 투쟁심과 권력욕이 강하며 완고하고 반골 기질이 있습니다. [그림154] 28부분 이 부분에 죽은 점이 있는 사람은 손윗사람과의 갈등이 많습니다. 광대뼈 주변에 점이 있는 사람은 높은 곳에 주의해야 합니다. 높은 곳에서 하는 일이나 운동은 피하는 편이 좋습니다.

㉙ 노복(奴僕)

턱 부분을 노복이라고 하며 이 부분에 살아있는 점이 있는 사람은 아랫사람으로부터 업무상으로 도움을 받을 수 있습니다. [그림154] 29부분 죽은 점이 있는 사람은 별 도움이 되지 않는 밑에 사람때문에 고생하거나 아랫사람의 업무상 실수로 책임을 질 수 있습니다.

㉚ 명문(命門)

구레나룻 아랫부분을 명문이라고 합니다. 이 부분에 살아있는 점이 있는 사람은 자신에 대해서는 비밀이 많으면서, 다른 사람에 대해서는 캐묻기 좋아하며 궁금해하는 성격입니다.

이 부분에 죽은 점이 있는 사람은 수다쟁이라 비밀을 지키지 못하는 성격입니다. 또 지나친 음주, 걱정을 하면 어두운 색이 명문에 나타나 간 건강에 주의해야 합니다. [그림154] 30부분

㉛ 새골(腮骨)

턱 부분을 새골이라고 하며 이 부분에 있는 살아있는 점은 강정(強情)점이라고도 합니다. 이 점이 있는 사람은 고집이 세고 다루기 힘든 성격입니다.[그림154] 31부분

이 부분에 죽은 점이 있는 사람은 과식으로 건강을 해치는 경향이 있으므로 주의가 필요합니다.

㉜ 지각(地閣)

턱의 가운데 부분을 지각이라고 하며 이 부분에 살아있는 점이 있는 사람은 말년운이 좋습니다. 이사는 많이 하지 않지만 이동운이 좋습니다. [그림154] 32부분

죽은 점이 있는 사람은 말년운이 좋지 않으며 잦은 이사를 하고, 주택 수리 시 집 수리비가 계획보다 불어나는 등 부동산, 집에 관한 지출이 많아 고생할 수 있습니다. 심장이 약하고 체력도 좋지 않은 사람이 많습니다.

2. 마의상법에서 남자의 점의 위치와 의미

상법에서는 점을 여러 가지로 구분하는데, 지(痣)란 살보다 약간 높이 솟은 것 으로서 사마귀를 말합니다. 흔(痕)이란 살보다 낮고 파인 것으로 흠이나 곰보를 말하고, 점(点)이란 살 위로 약간 솟아있거나, 평평한 것으로 점이나 주근깨라 고 하며, 반(斑)이란 살 속에 묻혀 평평한 것으로서 검버섯이나 저승꽃이라고 합니다.

점은 여러 가지 색으로 나타나는데, 흑색은 사망과 사고, 형벌과 상병을 나타냅니다. 백색은 슬픈 일과 놀라는 일 및 상복을 입는 일을 나타내며, 황색은 실물과 도난을 나타내고, 청색은 근심과 걱정을, 그리고 적색은 관재구설과 송사 및 화 재를 나타냅니다.

점은 보이는 점과 숨은 점으로 구분되는데, 얼굴에 생긴 것은 보이는 점이고, 몸 에 난 것은 숨은 점입니다. 점 위에 털이 나면 좋은 점으로 교양이 있고, 가슴에 점이 나면 지혜로우며, 배에 점이 나면 관리가 되어 복록을 먹습니다.

46개 남자 점 명칭과 의미

1.길(吉) 2.성폭(性暴) 3.방부(妨父) 4.호관(好官) 5.공사(公事) 6.대부(大富) 7.대길(大吉) 8.객사(客死) 9.거부(巨富) 10.불의입산(不宜入山) 11.수요(壽夭) 12.대부(大富) 13.관귀(官貴) 14.산재(散財) 15.대관(大官) 16.흉(凶) 17.의관(宜官) 18.부(富) 19.흉(凶) 20.액(厄) 21.흉(凶) 22.관(官) 23.흉(凶) 24.패(敗) 25.흉(凶) 26.흉(凶) 27.방남(妨男) 28.방부(妨父) 29.방처(妨妻) 30.방녀(妨女) 31.소녀(少女) 32.방자(放子) 33.길(吉) 34.파(破) 35.빈(貧) 36.극처(克妻) 37.액(厄) 38.식록(食祿) 39.주주(主酒) 40.소전택(少田宅) 41.아사(餓死) 42.방노비(妨奴婢) 43.구설(口舌) 44.득외재(得外財) 45.귀(貴) 46.길(吉)

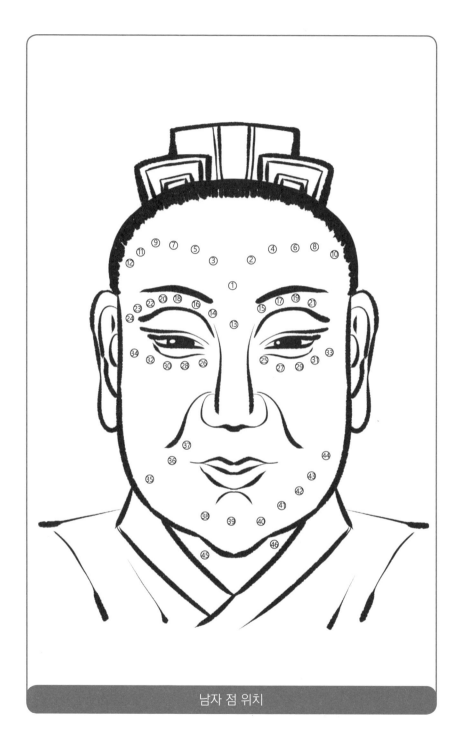

남자 점 위치

3. 마의상법에서 여자의 점의 위치와 의미

여자의 점과 남자의 점은 같은 부위에 난 점이라도 그 길흉화복이 여자와 남자는 서로 다르게 나타납니다. 같은 명궁 주위에 난점도 남자는 좋게 해석하나, 여자의 경우 방부妨夫 즉 남자의 앞길을 가로 막는다 하여 흉하게 보고, 코 끝 준두에 난 점은 남녀 모두 흉하게 봅니다.

따라서 남자의 점을 보는 방법과는 달리, 여자의 경우 점이 난 위치와 점의 색깔을 보고 그것이 한평생의 운명에 어떠한 영향을 미치게 될 것인지를 잘 살펴야 합니다.

46개 여자 점 명칭과 의미

1.군왕부(君王夫) 2.구부(九夫) 3.방부모(妨父母) 4.소노(少奴) 5.재가(再嫁) 6.해친(害親) 7.방부(妨父), 방부(妨夫) 8.객사(客死) 9.손부(損夫) 10.산액(産厄) 11.방부(妨夫) 12.길(吉) 13.부리(夫離) 14.의부(宜夫) 15.옥(獄) 16.의잠(宜蚕)17.의자(宜子) 18.귀부(貴夫) 19.방부(妨夫) 20.장명(長命) 21.액(厄) 22.겁도(劫盜) 23.장길(長吉) 24.호간(好奸) 25.소자(少子) 26.화액(火厄) 27.흉(凶) 28.방자(妨子) 29.곡부(哭夫) 30.호색(好色) 31.자진(自盡) 32.투기(妬忌) 33.수액(水厄) 34.쌍생(雙生) 35.살사자(殺四子) 36.구설(口舌) 37.방부(妨夫) 38.경부(敬夫) 39.총명(聰明) 40.수액(水厄) 41.질고(疾苦) 42.소전택(少田宅) 43.방비(妨婢) 44.대귀(大貴) 45.살부(殺夫) 46.자해(自害)

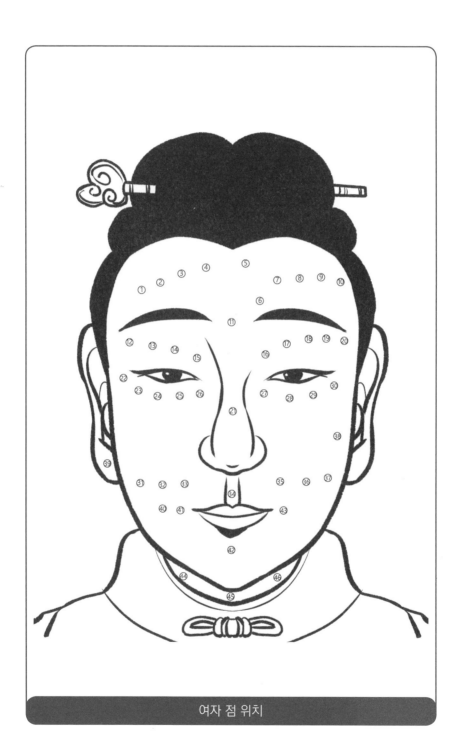

여자 점 위치

業

관상으로 본
적성에 맞는 직업과 업무

① 적성에 맞는 직업

② 회사업무

③ 이상적인 밸런스&성격

적성에 맞는 직업

1. 제조업에 적성이 맞는 사람

꾸준히 유지할 수 있는 체력과 정신력을 갖고 있는 것이 특징입니다.
냉정한 판단력도 함께 갖는다면 한분야에서 반드시 성공할 겁니다.

이마 額

M자 이마인 사람은 독창적인 발상을 잘합니다. 하부가 튀어나와 있으
면 집중력이 지속되어 냉정한 판단을 할 수 있습니다.

[그림 94] M자 이마

턱 頤

턱이 넓은 사람은 포용력이 있고 강한 의지로 일을 해낼 수 있습니다.
정의감도 강하고 실천적인 사람으로 무언가를 만드는 일에 잘 맞습니다.

[그림 98] 넓은 턱

눈썹 眉

눈썹이 부드럽고 눈썹꼬리가 가지런한 사람은 감성이 풍부하고 독특한
미적감각과 디자인 센스를 가지고 있습니다. 업무적으로도 창의성을 추구
하며 머리가 좋습니다.

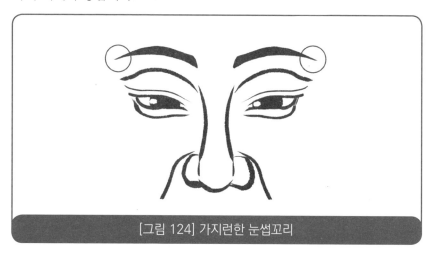

[그림 124] 가지런한 눈썹꼬리

2. 소프트웨어/정보처리/IT에
   적성이 맞는 사람

남들보다 생각이 깊어 항상 냉정하고 침착하게 대처할 수 있습니다. 쿨한 성격이며 문제를 해결하는 능력이 뛰어납니다.

귀 耳

귀 상부가 크고 윤곽이 매끄러운 사람은 감수성이 풍부합니다. 남의 이야기를 잘 듣는 솔직함과 유연함을 가지고 있습니다.

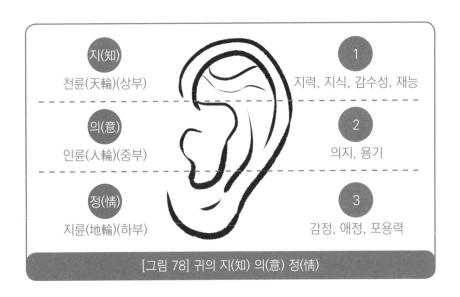

[그림 78] 귀의 지(知) 의(意) 정(情)

입 口

입술이 일자형이고 얇은 사람은 의지가 강하고 달변가이지만 표현이 담백한 타입입니다. 체력도 있고 정신적으로도 터프한 사람입니다.

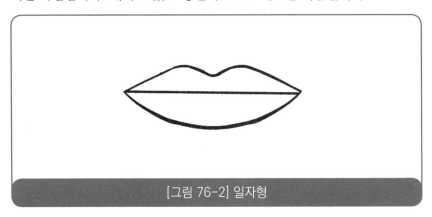

[그림 76-2] 일자형

코 鼻

코가 긴 사람은 꼼꼼하고 성실한 타입입니다. 자리 잡고 앉아 차분하게 과제에 몰두하는 자세가 긍정적으로 작용합니다.

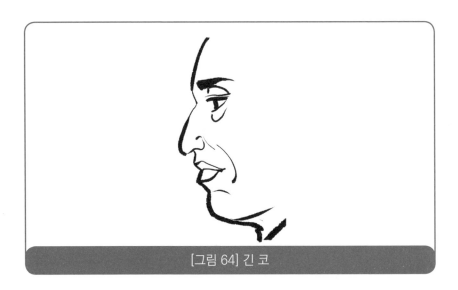

[그림 64] 긴 코

3. 무역업에 적성이 맞는 사람

시대의 흐름을 읽는 능력이 뛰어나며, 변화에 민감한 있는 사람입니다.
사랑받는 인품을 기본으로글로벌한 관점에서 교섭을 진행합니다

귀 耳

이곽이 바깥으로 나온 사람은 개성이 강하고 혁신적입니다. 자유로운
발상이 세계적인 활약이 기대됩니다.

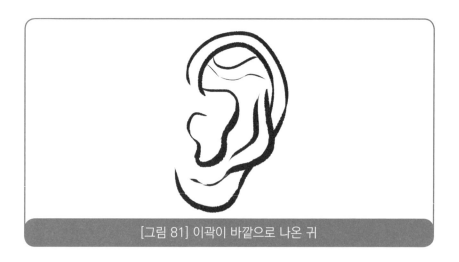

[그림 81] 이곽이 바깥으로 나온 귀

눈 目

눈과 눈 사이가 넓은 사람은 시야가 넓고 대범한 성격입니다. 현지 체제에 녹아 들어가는 유연성이 있으며 스케일이 남보다 배나 큰 타입입니다

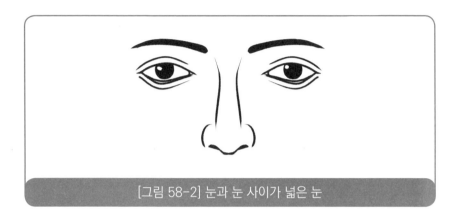

[그림 58-2] 눈과 눈 사이가 넓은 눈

이마 額

네모진 각진 이마를 가진 사람은 실행력이 있고 밝으며 적극적인 성격입니다. 현실적인 판단력으로 변화에도 유연하게 대응합니다

[그림 92] 각진 이마

4. 은행/보험/증권/금융업에 적성이 맞는 사람

정확하게 업무를 진행하는 능력이 있습니다. 성실하고 꼼꼼한 성격으로 항상 효율성을 먼저 고려해 실행할 수 있는 사람입니다.

눈썹 眉

삼각미를 가진 사람은 프라이드가 높아 부정한 일을 저지르지 않습니다. 타산적이지만 결단력, 독립심도 강한 터프한 사람입니다.

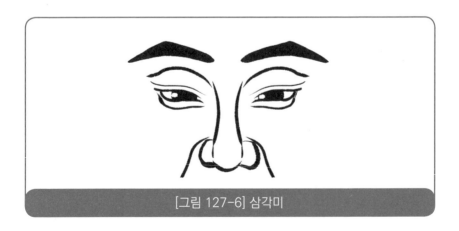

[그림 127-6] 삼각미

입 口

윗입술과 아랫입술이 모두 얇은 사람은 무엇이든 냉정하게 대처합니다. 쓸데없는 욕심을 부리지 않기 때문에 안심하고 맡길 수 있습니다.

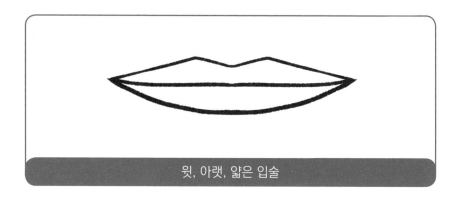

윗, 아랫, 얇은 입술

눈 目

눈이 가늘고 작은 사람은 정확한 업무가 가능합니다. 신중하고 관찰력이 있으며, 의심의 눈빛이 업무에서 힘을 발휘합니다.

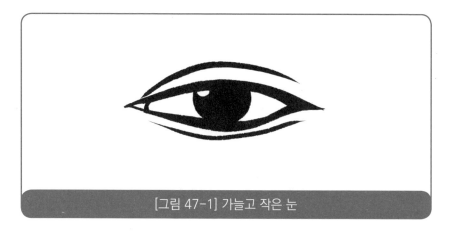

[그림 47-1] 가늘고 작은 눈

5. 출판/방송/광고업에
   적성이 맞는 사람

커뮤니케이션, 소통, 필력이 뛰어나며 글을 쓰는 일을 좋아합니다. 호기심이 왕성하고 발 놀림이 가벼운 사람입니다.

귀 耳

이곽이 바깥으로 나온 사람은 개성이 강하고 혁신적입니다. 고정관념에 구애되지 않고 자유로운 발상을 할 수 있는 사람입니다.

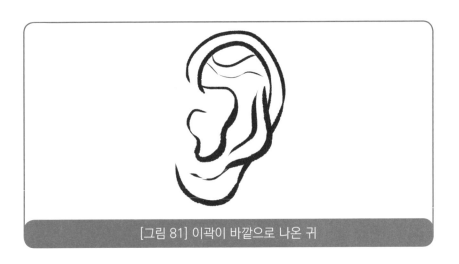

[그림 81] 이곽이 바깥으로 나온 귀

눈썹 眉

눈썹이 길고 진한 사람은 다른 팀과 협조를 잘하고, 관찰력이 뛰어납니다. 또 동료들로부터 지원이나 협력을 얻을 수 있습니다

[그림 114] 긴 눈썹

이마 額

M자 이마인 사람은 풍부한 상상력과 독창적인 발상의 소유자입니다. 커뮤니케이션 능력이 뛰어난 타입입니다

[그림 94] M자 이마

6. 교육업에 적성이 맞는 사람

좋은 머리와 인격을 갖추고 있어 교육자로 성공할 수 있습니다. 정신적으로도 강하고, 다른 사람을 포용할 수 있는 사람입니다.

이마 額

넓고 이마를 가진 사람은 머리가 좋고 적극적인 성격입니다. 항상 평상심으로 변화에도 유연하게 대처합니다.

[그림 88] 넓은 이마

귀 耳

귀가 큰 사람은 지력, 지도력이 뛰어납니다. 세심하고 임기응변에 능합니다.

[그림 83] 큰 귀

턱 頤

턱이 넓은 사람은 포용력이 있어 학생을 넓은 애정으로 가르치는 타입입니다. 정의감도 강해 존경을 받을 수 있는 사람입니다.

[그림 98] 넓은 턱

7. 의사/간호/간병인/의료업에 적성이 맞는 사람

강한 지적욕구와 겸허함을 겸비한 타입입니다. 약자에 대한 배려와 다른 사람을 돌보기 좋아하는 성격으로 정에 휩쓸리지 않는 객관적인 판단력이 필요합니다

코 鼻

사안비인 사람은 감수성이 예민하고 사려 깊은 성격입니다. 남을 돌보는 일을 매우 좋아하며 타인의 마음을 잘 이해해 배려심이 있는 사람입니다.

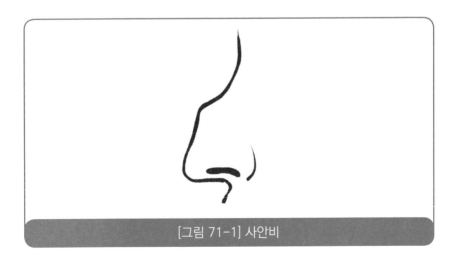

[그림 71-1] 사안비

눈썹 眉

눈썹이 긴 사람은 남의 이야기를 잘 듣습니다. 협조심, 사교성이 좋으며, 환자나 관계자의 이야기를 냉정하게 듣고 정확하게 판단할 수 있습니다.

[그림114] 긴 눈썹

이마 額

이마가 표준보다 넓은 사람은 모든 상황에 대처할 수 있는 객관성을 보유하고 있습니다. 도량이 넓고 다른 사람을 배려할 줄 아는 사람입니다.

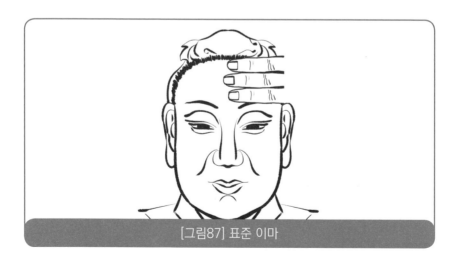

[그림87] 표준 이마

제 17장 業 관상으로 본 적성에 맞는 직업과 업무 / 267

8. 호텔리어/관광가이드/여행업에 적성이 맞는 사람

어떤 분야를 불문하고 풍부한 지식을 가지고 있으며, 전달하는 커뮤니케이션 능력도 매우 뛰어납니다. 발 놀림이 가볍고 팀플레이를 잘합니다.

턱 頤

턱이 둥근 사람은 포용력이 있으며 사람들로부터 신뢰받는 타입입니다. 기분 전환도 빨라 일과 가정 모두 원만합니다.

[그림 107] 둥근 턱

입 口

윗입술의 입꼬리에 살이 있는 사람은 애정이 풍부하고 서비스 정신이 좋습니다. 남을 잘 돌보며, 인맥관리를 잘 합니다.

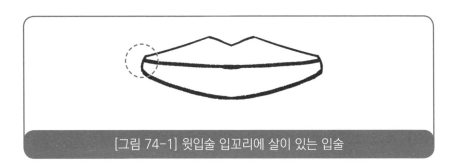

[그림 74-1] 윗입술 입꼬리에 살이 있는 입술

광대(뺨) 顴

뺨이 둥그스름한 사람은 세심하게 배려하는 타입으로 사람들이 좋아해, 인기 있다는 말을 듣는 편입니다.

[그림 135] 볼 살이 많은 뺨

9. 셰프/외식업에 적성이 맞는 사람

음식을 만들고 맛있게 먹어 주는 것을 통해 기쁨을 느끼는 사람으로, 성공하기 위해서는 충분한 경험을 쌓은 후에 독립해 가게를 차리는 계획을 세우는 것이 중요합니다.

턱 |頤

턱이 둥근 사람은 마음이 넓고 협조심도 있습니다. 항상 느긋하고 침착하며 남을 잘 배려합니다.

[그림 107] 둥근 턱

입 口

입꼬리가 올라간 앙월형 입인 사람은 밝고 애정이 풍부하며 교육을 잘
받고 자란 사람입니다.

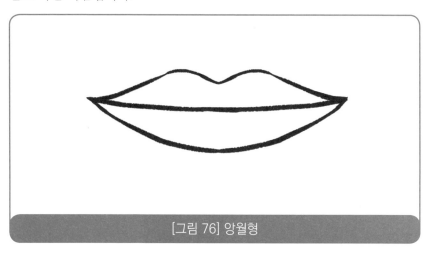

[그림 76] 앙월형

광대(뺨) 顴

뺨이 두툼하고 둥그스름한 사람은 밝고 생기가 있어 사람들로부터 사랑
을 받습니다. 건강하고 체력도 좋습니다.

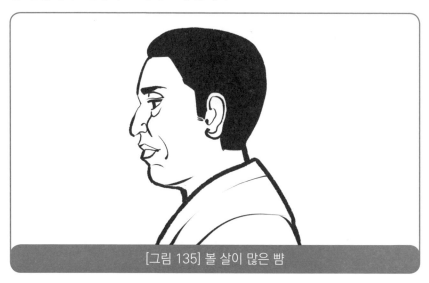

[그림 135] 볼 살이 많은 뺨

10. 전문점/백화점/판매업에
적성이 맞는 사람

손님 한 명 한 명에게 눈높이를 맞추어 가며 고객 응대를 할 수 있는 센스가 있어 동시에 두 가지 이상의 일을 할 수 있는 능력을 갖고 있는 사람입니다.

귀 耳

귓불이 넓은 사람은 밝고 활동적이며 사교성이 있습니다. 성격도 좋아 가게를 찾는 손님이 좋아합니다.

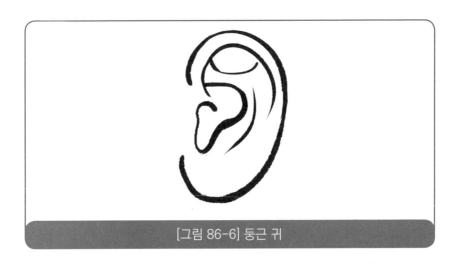

[그림 86-6] 둥근 귀

코 鼻

콧방울이 넓은 사람은 사람들과 잘 어울려 인간관계에 능합니다. 또 복이 있는 코로 재운이 좋습니다.

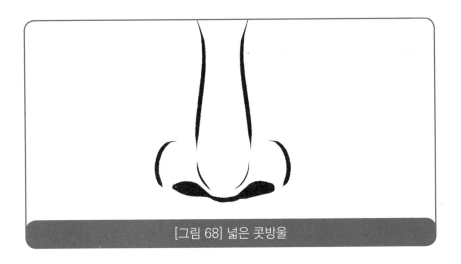

[그림 68] 넓은 콧방울

눈 目

눈이 아래로 처진 사람은 정이 많고, 인성도 좋아 고객과 신뢰를 빨리 쌓을 수 있습니다. 소극적인 면만 보완하면 성공할 수 있습니다.

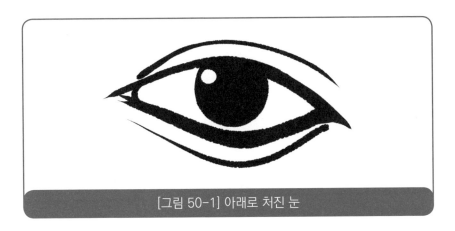

[그림 50-1] 아래로 처진 눈

11. 공인중계사가 적성에 맞는 사람

사람들과 대화하는 것을 매우 좋아하고 멘탈이 강한 사람입니다. 교섭력, 협상력이 뛰어나고 발 놀림이 가벼우며 효율적으로 업무를 처리합니다.

턱 頤

사각 턱에 살집이 풍성한 사람은 큰 땅을 움직이는 힘이 뛰어납니다. 합리적이고 노력하는 타입입니다.

[그림 108] 사각 턱

눈 目

눈동자가 큰 사람은 두뇌가 명석합니다. 눈썹과 눈 사이의 전택궁(田宅宮)이 넓고 살집이 풍성한 사람에게 적합한 직업입니다.

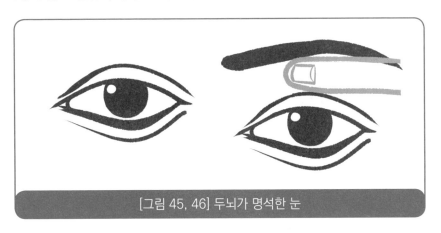

[그림 45, 46] 두뇌가 명석한 눈

코 鼻

코의 산근이 높은 사람은 무거운 책임을 지게 되는 경우가 많으며 인내력이 강한 사람입니다.

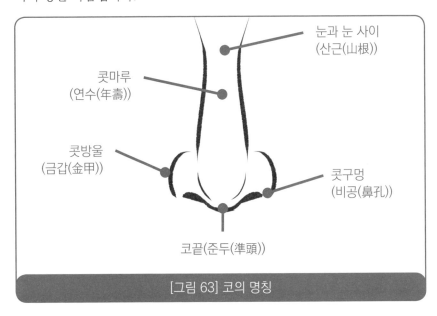

눈과 눈 사이
(산근(山根))

콧마루
(연수(年壽))

콧방울
(금갑(金甲))

콧구멍
(비공(鼻孔))

코끝(준두(準頭))

[그림 63] 코의 명칭

나와 잘 맞는 회사 업무

1. 영업

사교적이며 임기응변이 뛰어납니다. 나쁜 일은 마음에 오래 두지 않은 편이라, 질질 끌고 가지 않으며, 기분 전환이 빠릅니다.

턱 頤

이중 턱인 사람은 포용력이 있습니다. 아랫사람 운이 좋으며 영업실적도 항상 상위를 유지합니다.

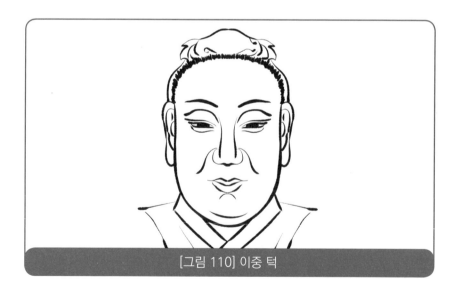

[그림 110] 이중 턱

코 鼻

콧방울 금갑(金甲)이 넓은 사람은 다른 사람보다 재운이 좋고, 사람들과 관계에도 잘 하는 편입니다.

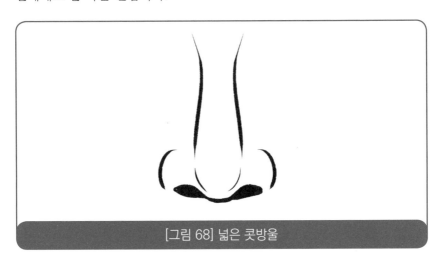

[그림 68] 넓은 콧방울

얼굴 顔

얼굴이 동그란 사람은 교제범위가 넓고 많은 사람에게 사랑받는 타입입니다. 세심하고 다른 사람의 기분을 빨리 알아 차립니다.

[그림 38] 둥근 얼굴

2. 경리/회계

　항상 냉정하고 틀에 박힌 업무를 묵묵히 해내는 인내력이 강한 사람입니다. 숫자에 강하고 치밀한 계획성과 대담한 협상력을 겸비하고 있습니다.

눈 目

　눈이 가늘고 작은 사람은 현실주의자입니다. 신중하고 관찰력이 있지만 지나친 의심은 오히려 마이너스가 됩니다.

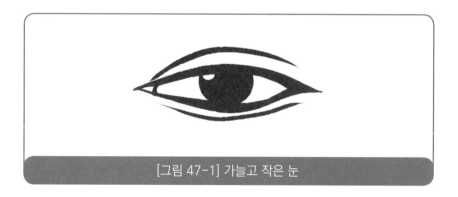

[그림 47-1] 가늘고 작은 눈

미간 眉間

미간이 손가락 두 개 정도이거나 그보다 넓은 사람은 윗사람의 도움을 크게 받아 젊은 나이에 출세 코스에 오르는 경우도 있습니다.

[그림 130] 넓은 미간

눈썹 眉

일자미인 사람은 합리적이고 계수 관계에 강하며 빠른 결단력이 있습니다. 의지도 강하고 외골수 기질이 있습니다.

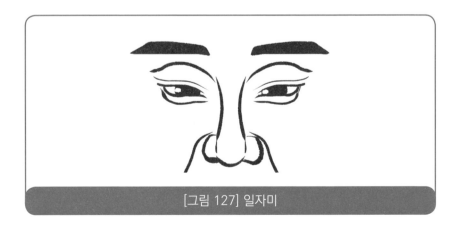

[그림 127] 일자미

3. 기획/마케팅

감성이 풍부하고 상상력과 독창성이 뛰어납니다. 톡톡 튀는 아이디어를 설득하는 연출과 기획력도 함께 갖고 있습니다.

눈썹 眉

눈썹이 반달모양의 곡선인 사람은 사고에 유연성이 있어 사물을 여러 각도에서 파악할 수 있습니다. 지식도 풍부합니다.

[그림 118] 반달 눈썹

이마 額

M자 이마인 사람은 독창적인 발상을 잘합니다. 남의 의견을 듣지 않는 고집스러운 면이 개성으로 작용해, 설득을 하는 경우도 있습니다.

[그림 94] M자 이마

얼굴 顔

역삼각형 얼굴인 사람은 지식욕이 강해 지적인 일에 적합합니다. 좋아하는 일에 열중하는 타입입니다.

[그림 37] 역삼각형 얼굴

4. 개발

아이디어를 구체화하는 능력과 설계능력이 뛰어난 사람입니다. 실패를 두려워하지 않고 거듭되는 반복과 지속적인 연구를 계속하기 위해서는 인내력도 필요합니다.

눈 目

눈이 길게 째진 사람은 사려 깊고 느긋한 타입입니다. 냉철한 판단력으로 맡은 일을 꾸준히 해냅니다.

[그림48] 길게 째진 눈

이마 額

돌출형 이마인 사람은 직감이 예리하고 기억력이 특히 뛰어납니다. 운이 강하고 재능이 많은 타입입니다.

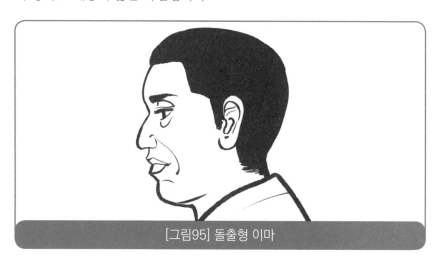

[그림95] 돌출형 이마

얼굴 顔

직사각형 얼굴인 사람은 의지가 강한 타입입니다. 확실한 실행력도 갖추고 있어 제대로 된 연구성과를 만들어 냅니다.

[그림43] 직사각형 얼굴

5. 총무

　회사의 만능 일꾼으로 보이지 않는 곳에서 힘쓰는 타입입니다. 예의 바르고 성실하며 성격도 온후할 뿐만 아니라 커뮤니케이션 능력도 우수합니다.

입 口

　입꼬리가 올라간 앙월형(仰月形)입을 가진 사람은 밝고 애정이 풍부합니다. 교육을 잘 받고 자란 느낌이 들며 행동력도 있습니다.

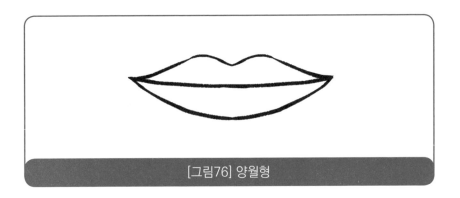

[그림76] 앙월형

눈 目

눈이 길게 째진 사람은 생각이 깊고 느긋한 타입입니다. 냉철한 판단력으로 일을 꾸준히 해냅니다

[그림 48] 길게 째진 눈

코 鼻

코가 두꺼운 사람은 적극적인 성격입니다. 강한 의지와 실행력으로 무엇이든 끝까지 해내는 타입입니다.

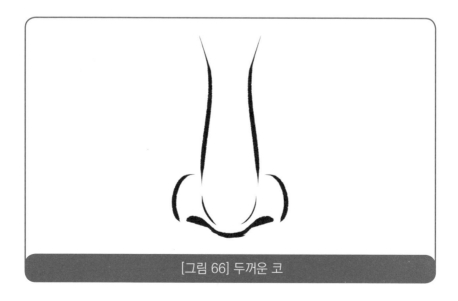

[그림 66] 두꺼운 코

6. 인사

  사내의 비밀유지 의무에 충실하고 균형 감각이 뛰어납니다. 인재 육성
에 대한 의식이 높고 사람을 키우는 일에 기쁨을 느끼는 타입입니다.

턱 頤

  턱이 넓은 사람은 포용력과 입이 무거워 인사업무에 적합한 타입입니
다. 정의감이 강하고 공정한 사람으로 사무처리 능력도 뛰어납니다.

[그림 98] 넓은 턱

이마 額

상부, 중부, 하부의 이마가 발달된 사람은 추리력, 판단력, 직감력이 뛰어납니다. 운이 강하고 재능이 많은 타입입니다.

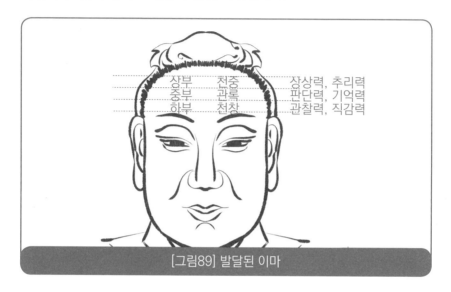

[그림89] 발달된 이마

얼굴 顔

이른바 미인으로 일컬어지는 얼굴인 사람은 성격이 온순하고 팀이나 조직에서 사랑을 받습니다.

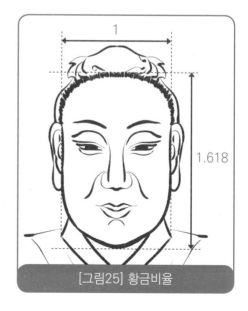

[그림25] 황금비율

7. 홍보

아이디어, 커뮤니케이션 능력이 뛰어나고 지적 호기심이 강한 사람입니다. 사고의 유연성이 있고 상황 변화에도 임기응변으로 대응하는 타입입니다

눈썹 眉

눈썹이 반달모양의 곡선인 사람은 사고에 유연성이 있어 사물을 다면적으로 파악할 수 있습니다. 지식도 풍부합니다.

[그림 118] 반달 눈썹

귀 耳

이곽이 바깥으로 나온 사람은 개성이 강하고 혁신적입니다. 지기 싫어하는 감정을 잘 조절할 수 있어야 합니다

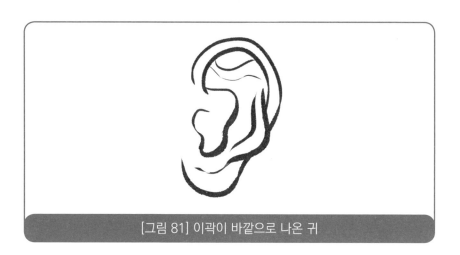

[그림 81] 이곽이 바깥으로 나온 귀

입 口

윗입술의 입꼬리에 살집이 있는 사람은 애정이 풍부하고 서비스 정신이 투철합니다. 남을 잘 돌보며 인망을 얻습니다.

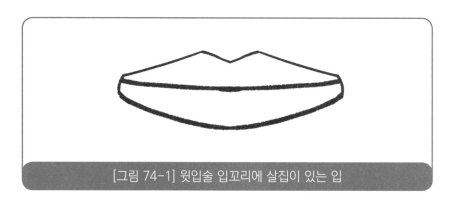

[그림 74-1] 윗입술 입꼬리에 살집이 있는 입

8. 법무

　높은 윤리의식을 가진 사람입니다. 기업의 사회참여 및 법규에 대한 의식이 높고 기업윤리를 항상 생각하며 실천하려고 하는 타입입니다.

이마 額

　돌출형 이마인 사람은 직감이 예리하고 기억력이 특히 뛰어납니다. 운이 강하고 재능이 많은 타입입니다.

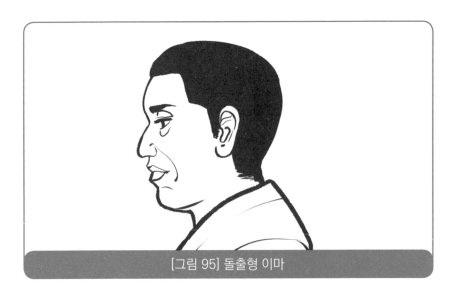

[그림 95] 돌출형 이마

귀 耳

누운 귀인 사람은 도량이 넓고 인내심도 있어 어떤 어려운 일이라도 참고 견디어 성공해 내는 타입입니다.

[그림 86-2] 누운 귀

눈 目

눈이 길게 째진 사람은 사려 깊고 느긋한 타입입니다. 냉철한 판단력으로 일을 꾸준히 해냅니다.

[그림 48] 길게 째진 눈

9. 해외사업

　자립심이 강하고, 업무가 주어지면 위험을 감수하고 도전하는 사람입니다. 언제 어디서라도 주변의 힘을 빌려 능숙하게 일을 처리하는 타입입니다.

턱 頤

　턱살이 두툼한 사람은 애정이 풍부하고 결단력이 있는 타입입니다. 인덕이 있으며 포용력도 좋아 아랫사람으로부터 존경을 받습니다.

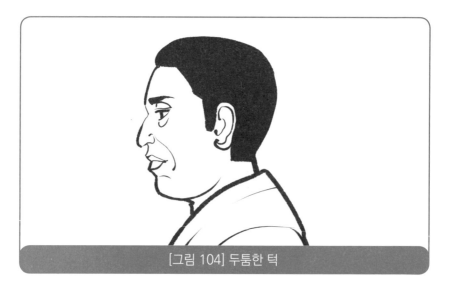

[그림 104] 두툼한 턱

코 鼻

잘생긴 코(천담비)를 가진 사람은 담력과 두뇌가 매우 훌륭한 타입입니다. 명쾌한 사고로 대담하게 행동합니다. 리스크가 있어도 도전할 수 있는 사람입니다

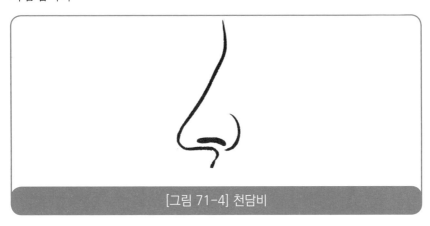

[그림 71-4] 천담비

이마 額

각진 이마를 가진 사람은 실행력이 있고 밝으며 적극적으로 실수를 두려워하지 않는 성격입니다. 현실적인 판단으로 변화에도 유연하게 대처할 수 있습니다.

[그림 92] 각진 이마

耳귀　이상적인 밸런스와 성격

부채 귀
지식욕이 왕성하다

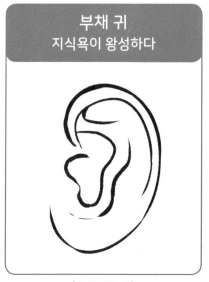

[그림 86-1]

큰 귀
장수하고 금전운도 있다

[그림 83]

삼각 귀
지적이고 두뇌가 명석하다

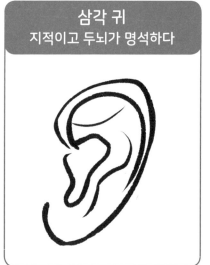

[그림 86-4]

작은 귀
대담하고 공격적이다

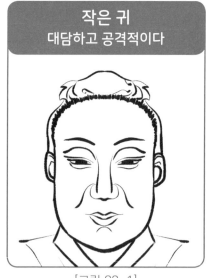

[그림 83-1]

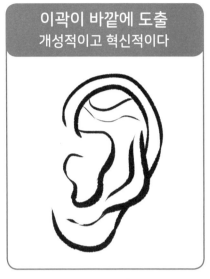

이곽이 바깥에 도출
개성적이고 혁신적이다

[그림 81]

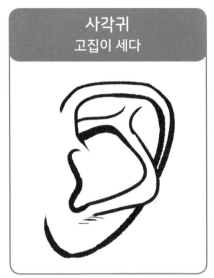

사각귀
고집이 세다

[그림 86-6]

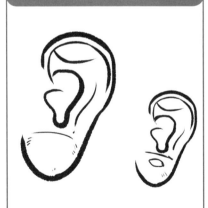

토(土)귀
부동산이 많다

[그림 86]

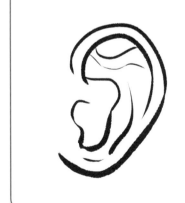

귓불이 없는 귀
냉정하고 야박하다

[그림 82]

目 눈

처진 눈
온후하고 사람이 좋다

[그림 50-1]

돌출 눈
다정 혹은 냉정하다

[그림 49]

외 꺼풀
소극적이다

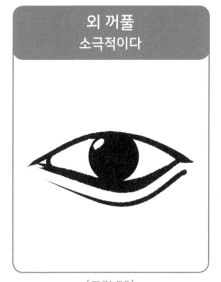

[그림 59]

오목눈
음침하고 집착이 강하다

[그림 49-1]

큰 눈 감수성이 예민하다	쌍꺼풀 적극적이다

[그림 47]	[그림 59-1]

올라간 눈 지기 싫어한다	가늘고 작은 눈 신중하고 냉정하다

[그림 50]	[그림 47-1]

口입

앙월형 일과 돈이 풍부하다	두꺼운 윗입술 헌신적이다
[그림 76]	[그림 73-1]
일자형 의지가 강한 노력형	두꺼운 아랫입술 이성적이다
[그림 76-2]	[그림 73-2]

큰 입
본능과 욕망이 강하다

[그림 72-1]

사자형(四)
의리, 인정이 두텁고 장수한다

[그림 76-3]

세로주름이 많은 입술
사교성이 있다

[그림 75]

작은 입
솔직하고 성실하다

[그림 72-2]

鼻코

그리스코(군자코)
품위 있고 우아하다

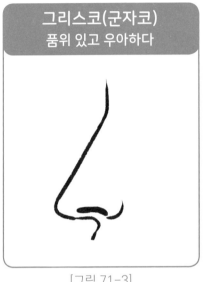

[그림 71-3]

위를 향하는 콧구멍
자기중심적이다

[그림 69]

경단 코
생활의 지혜가 있다

[그림 71-5]

아래를 향하는 콧구멍
비밀이 많다

[그림 69-1]

높은 코
자존감이 높다

[그림 65]

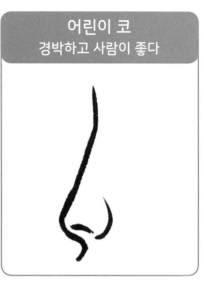

어린이 코
경박하고 사람이 좋다

[그림 71-7]

로마코(단비)
개성적이고 지기 싫어한다

[그림 71]

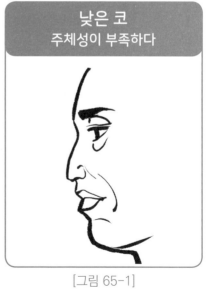

낮은 코
주체성이 부족하다

[그림 65-1]

額이마

M자 이마
독창적인 발상

[그림 94]

양끝이 위로 향하는 주름
적극적이다

[그림 90]

돌출형 이마
생활의 지혜가 있다

[그림 95]

각진 이마
고집이 세고 실행력이 있다

[그림 92]

세로로 넓은 이마
느긋하고 태평하다

[그림 88]

여자 이마
성실하고 노력가이다

[그림 96]

꼭지형 이마
솔직하고 인내심이 강하다

[그림 93]

옆으로 넓은 이마
시야가 넓다

[그림 88]

眉 눈썹

팔자 눈썹
쾌활한 까불이

[그림 127-4]

긴 눈썹
느긋하고 마음이 너그럽다

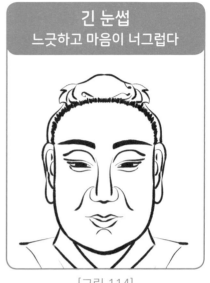

[그림 114]

넓은 미간
그릇도 크다

[그림 130]

짧은 눈썹
성미가 급하고 편협하다

[그림 115]

짙은 눈썹
욕망이 강하고 끈질기다

[그림 112]

좁은 미간
신경질적이고 시야가 좁다

[그림 131]

일자 눈썹
외골수, 의지가 강하다

[그림 127]

옅은 눈썹
요령이 좋고 감정적이다

[그림 113]

顴광대齒차아

치열이 고르지 않은 이
감정적이다

[그림 138-1]

광대(볼)살이 많은 뺨
사랑받고 인기가 많다

[그림 135]

벌이진 이
조잡하고 싫증을 잘 낸다

[그림 138-2]

광대(볼)살이 없는 뺨
감정적이고 신경질적이다

[그림 136]

앞으로 돌출된 광대
생명력이 넘치고 공격적이다

[그림 133]

덧니
질투심이 강하다

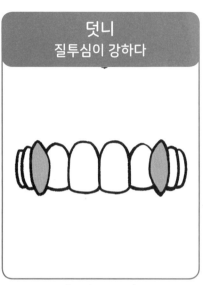

[그림 138-4]

치열이 고른 이
성실하고 꼼꼼하다

[그림 138]

옆으로 돌출된 광대
저항력과 인내력이 있다

[그림 134]

觀相으로 본 人生 履歷書